U0000778

神祕埃及

李沐生 著

臺灣商務印書館

目次

第<big>3</big>章

第<big>4</big>章

第<big>5</big>章

第 **6** 章

第 **7** 章

前言

赴埃及旅遊的人越來越多，到這個古老國家去旅遊，必遊覽名勝古蹟一窺古國風采。埃及確實是個不錯的地方，然在短短幾天中，也只能對於熱門景點驚鴻一瞥，對現代埃及的所見所聞是有限的。而市面一般旅遊雜誌書，又只以介紹該國古蹟為主，鮮少有民情風俗之報導。佩服那些作者在該國只是短暫逗留，僅靠蒐集文獻資料，所撰的文章都很生動，尤其是一些攝影作品，無論取景及效果，比我這玩了數十年單眼相機的高明得太多了。

機緣之下在埃及生活多年，初期很不習慣那裡的生活，數年中走過很多大城小鎮，深入民間，埃及給我的印象，雖接受了西方文化，仍未失去那份神秘感，即使現在融入他們的生活，掀開了那層神秘面紗，會發現除了民情風俗差異之外，還有很多不為外人所知的另一面。

筆者依個人接觸觀察，經歷了很多意想不到的異事，埃及有很多習俗很難讓異國人接受，但這古國確有其迷人之處，終歸一句：埃及那地方，我真的很喜歡。

因個人非考古或有關學者，文中有關該國古蹟及歷史，僅在埃及蒐集或詢問所獲得，其正確性及內容難免有疏失及錯誤之處，尚請學者及先進不吝指正，其他民情風俗則為親身所經歷，今日忠實記載分享給讀者，作為趣味性之報導，尚請勿以負面視之。

第

1

章

神祕少女
瞬間手上傳來冷颼颼的寒意，冰冷冷的感覺

當年我國在埃及新開闢了市場，急需徵調人手，由於在國內工作不順心想換個環境，乃毛遂自薦前往這陌生的古國，當時想出國的人多而名額有限，以我這不學無術又沒背景的，擺明沒機會也沒指望，只是想碰碰運氣，故得失心不重，不料面談後第二天就接到通知，囑三天內備妥單位同意書、戶口謄本、體檢證明、照片、黃皮書等，以便辦理出國手續。

因在過程中沒告知過任何人，等到辦離職手續這事才傳開來，平時雖為人有點欠佳，人緣也不怎麼地好，但朋友還是有一堆，剩下二天都沒閒過，尤其那可憐的胃沒空過也沒飽過，從早到晚至凌晨，盛情難卻，美酒佳餚一攤接一攤，但全不知其味，吃喝下去馬上倒把，受苦的是那副半殘的胃及欠下的那份情。

尤其是在出國前夕，次日八點集合搭乘專車赴機場，但熱情死黨從前夕中午，直到次日清晨五點才放人，跳上計程車回到家，沖了個冷水澡消除了些酒意，看時間還早，躺在沙發卻不覺昏睡過去，甜睡中被家父搖醒，已是八點十分，拎起備妥的行李箱，背上跟我多年的老相機，跳上計程車趕到集合點，早已車去人空，又原車直奔桃園機場，同仁早都辦妥登機手續，帶著濃濃酒味，醉眼惺忪致歉後，拿到登機證隨即進關。

醉醺醺登上飛機倒頭大睡，被搖醒已到新加坡，酒意未醒隨著同仁又登上另一架飛機，坐下又是蒙頭大睡。

老實說，打從中正機場登機，在新加坡轉機，到了約旦，一路上根本就沒醒過，啥事都沒一點記憶，連搭哪家公司的飛機都沒印象，只是上機睡覺，下機則如行屍走肉般跟著同仁行事，啥印象都沒有，只記得一路上沒喝過一杯水，更沒享受機上供應的飛行大餐。

約旦安曼國際機場起降班機就不多，時值深夜下機的乘客更沒幾個，辦妥手續通關拿到行李，出境大廳已空蕩蕩，就剩下我們這幾個東方過客。

按行程在約旦要等二天才轉機飛埃及，一行人住宿則由駐約旦辦事處接待及機場接送，但等了個把小時，就沒見一個黃皮膚黑眼珠的東方人，更遑論派來的專車。

換了幾枚約旦硬幣，打電話去詢問辦事處，投下硬幣只聽話筒傳來陣陣嘟嘟聲，接不通不打緊，但投下的硬幣全像吃角子老虎般有去無回，電話機上的說明皆是英文與蚯蚓般的文字，沒人看得懂，大伙只有乾瞪眼的份。

眾人圍在電話邊研究，就在七嘴八舌無所適從時，不知打哪冒出一位妙齡少女，而且還是沒穿阿拉伯傳統服飾又沒蒙頭巾的少女，一身裝扮還相當新潮，腳蹬一雙少說有十公分的矮子樂，那副裝扮就與台北西門町的時髦少女沒啥兩樣。

感覺上是來了救兵，然而堂堂幾個男子漢卻沒人敢上前求助，因過去得到的訊息，在回教國家裡絕對不可以與女性搭訕，那可能會惹禍上身，況且眼前又是單身少女，

那就更沒人敢了，再說這幾人中有誰會說英文或阿拉伯話。

倒是這妙齡少女見幾個手足無措的異國人，以欲言又止的表情偷瞄著她，大概看出這幫鄉巴佬有了麻煩，反而落落大方步上前來，擺出一個你們要打電話的手勢。

這下可真是來了救兵，用手勢比手劃腳表示電話打不通、錢又被吃了的意思。她會過意伸手接了抄有電話號碼的紙條及一枚硬幣，撥號後再將硬幣投入、隨即聽到叮一聲，電話通了，她把話筒遞給一位同仁，通話裡辦事處表示車早就派出，按理應該在機場等候，也許是途中出了狀況，將會另派車前往。通話後同仁再三向那位少女表示感謝，還有人掏出十元美金表達謝意，卻被她拒絕即急步離去。

至此大伙才恍然大悟，約旦公用電話是先撥號再投幣，與國內先投幣後撥號，完全是兩碼事，那些自稱出過幾次國認為見過世面的也全漏了底。

也不知是誰起的頭，話題轉向那位突然現身的少女。大伙的印象是，此妞看似未超過十八歲，矮矮瘦瘦，皮膚有點黑，有著阿拉伯人的五官輪廓，有著黑又大的眼珠卻帶著一副冷酷的臉孔，整體看似是營養及發育不良的模樣。

首先不能理解的是，在女性包頭裹足的回教國，這位少女深夜在沒有男性陪同下，現身在空蕩蕩的機場大廳，還看出異國人的困境，又主動上前幫助解決難題，短短幾分鐘未發一語只做手勢，從拿到紙條，撥通後將話筒遞交給同仁到離去，每個人都向她道謝，但整個過程中，卻沒人見到她露出一絲笑容，臉上始終是那副冷若冰霜的模樣。

大伙繪聲繪影越講越玄，疑心也越來越重，最玄的是那麼多雙眼睛，都沒有人看見她打哪冒出來，離開時又以感恩的心目送。只見她走出了大門，隨即隱身在黑暗中，而且未見有車輛駛離，這她又去了哪裡？其動作似乎輕飄飄來去無蹤般。更扯的是遞紙條及接話筒的人都說，與她接觸手上瞬間傳來冷颼颼的寒意、冰冷冷的感覺，令他們心中起了疙瘩。

話……越描越像那回事，每個人打心裡直發毛，身上雞皮疙瘩帶汗毛越豎立，心想該不會才踏上異國就碰上異國的…阿飄……吧！

這樣描述好像對一位熱心幫助異國人的少女有所不敬，但事實確是如此，這事雖已過二十年，此刻執筆仍然有點毛骨悚然的感覺，不過還是心存感激，畢竟這位神祕少女曾熱心協助過這票東方過客。∞

髒亂無章

藝術品味頂高，連屋頂都不放棄，細瞧才發現

兩天後從約旦轉埃航客機飛往埃及，抵達埃及上空從機窗向下俯視，曲曲折折的尼羅河就在腳下，臨近開羅上空，名列世界十大古蹟的三座金字塔，聳立在一片黃沙中，雖然從高空鳥瞰，看不出其真實面貌，但在沙漠中卻顯得極為凸出。

飛機降落在埃及開羅舊國際機場，跨入空橋迎面撲來的是一股悶人熱浪，但讓人感覺最不自在的是空橋外荷槍實彈的軍人，一個個虎視眈眈的盯視著入境旅客，彷彿旅客都是恐怖份子，使人才踏上這土地就起了反感。

入境走廊兩側是簡陋的免稅店，彷彿是五金雜貨鋪，電器用品零亂，廚房用具、腳踏車、化妝品及服飾外，還加呼拉圈、廉價的塑膠拖鞋等樣樣俱全，國際機場免稅店看起來有點像大賣場。

辦事處委託當地旅行社接機，有專人辦理入關手續，領到行李出關，只見大廳門外一道擁擠的人群，按埃及機場規定，接機不能進入機場大廳，只能在門外兩道鐵柵欄旁等候。掙脫出那道迎賓似的狹窄走道，放眼望去廣場雜亂無章的停放許多車輛，地面上到處散落著紙屑、瓶瓶罐罐及飛揚的塵土，過去曾走過幾個落後國家，還真沒見過像如此髒亂的國際機場。

埃及總人口達六千五百萬，首都開羅就佔了一千六百

萬，在這人口密集又身為非洲第一大城，號稱非洲龍頭老大的埃及，環境衛生竟然如此髒亂不堪。

　　途經高架道路往下望，現代化鋼筋水泥高樓夾雜著泥磚的矮屋，在這些矮屋頂上居然繪上抽象畫，心想這城市髒歸髒，但藝術品味還頂高的，連屋頂都不放過，然待細看清楚，才發現本以為是抽象畫，竟是五顏六色的塑膠袋及垃圾。

　　搞不清楚是圖方便，還是缺乏公德心，住在高層樓房的人有垃圾就往窗戶外一扔，便造成這國家首都之尊的開羅，有著這另類的奇特景觀。

　　沒有環境衛生習慣的貧民區就更壯觀，家中有垃圾更不用塑膠袋去裝，因為塑膠袋在埃及算是奢侈品，到市場買菜，塑膠袋絕不附送，得花錢另向小販購買，而且價錢還不便宜，拿來裝垃圾可太浪費了。

　　有垃圾誰都不願意擺在家裡，既會發出臭味又招惹蒼蠅，往樓下扔是最快捷又理想的方式，倒楣的是住樓下的，故常見樓下有限的空地散落滿地垃圾。住樓下的還不能抗議，這塊空地可是公有的，垃圾又沒扔進你家，政府都不管你管得著嗎？

　　每天大量的垃圾，除了發出惡臭，更是成群蒼蠅的大本營，行經其間必須掩鼻跨越而過，但他們早已習以為常，視而不見，不聞其臭。

　　可能是經費不足，垃圾車平均一至兩週才來一次，垃圾一擺少說就要十天八天。不過，每次等到垃圾車來，樓上的婦人倒滿合作，會一起把發臭的垃圾清理上車。然而

等到垃圾車才走，樓上又開始往下扔，沒幾天鐵定又恢復舊觀，周而復始一成不變。

開羅到現在還是有很多小街小巷未舖設柏油路面，所以每逢一場大雨，街道全是一片泥濘，爛泥中帶著畜牲的糞便及垃圾，然穿著入時的婦人照樣穿梭其間，高跟鞋就踩在爛泥中，不走，回不了家。

埃及人隨手扔的習慣，到哪也改不了。火車軌道兩旁瓶瓶罐罐及垃圾可多著呢，這並不稀奇嘛，鐵道旁有垃圾，落後國家都少不了，也都差不多。可是這隨手扔的惡劣行為，發生在高速公路上，則太過份了，全不考慮他人，甚至危害到別人的生命安全。

在埃及開車，尤其在高速道路得特別留意，絕對不能跟得太近，必須保持相當距離，因說不準前車突然會拋出一包垃圾，跟得太近砸到擋風玻璃而出意外，倒楣的是尾

隨在後的車輛，誰讓你緊跟在後，筆者就有撿回老命的經驗。

　　有次開車駛往亞歷山大城，當行駛在高速道路，途中的叉路急速插入一輛旅行車，趕忙減速滑行，突然前車飛出一物，我還來不及打方向盤閃躲，只聽到「砰」一聲，擋風玻璃瞬間成了白茫茫一片，當時車還在高速行進，突如其來的意外又不能緊急煞車，等到從後視鏡看清後方沒車，才小心翼翼滑行到路邊，馬上檢視強化安全玻璃，已全碎了。

　　其實在那砰一聲，眼前白茫茫一片，就已知道被前車拋出物砸到，然在看不到前方狀況下能追那元兇嗎？等到把車停穩，肇事車早已無影無蹤絕塵而去，縱然是一肚子火，滿口……他Ｘ的，但又有何用，能找誰算帳去！只有自認倒楣唄，慶幸是保住了老命，要不那還真成了異國冤死鬼。∞

小費王國

閃光處必有警察站在一旁，擺明收了把虛許

埃及人伸手要－把虛許【小費】的現象，還真令人嘆為觀止，無論任何公私事，最基本的小費絕對少不了，有了它辦起事會順利快速很多。外國人到公務機關辦事，除了規費，辦事的會表明要小費；到公營商店購物，店員要小費；計程車要小費，警察也會要小費，甚至自己當老闆的也要小費，這明要暗索的惡習，幾乎到了全民文化的境界。

開羅塔利爾廣場的中央行政大樓，專事簽證、居留、駕照等業務，每次到此惡名昭彰的大樓辦事，攜帶的文件樣樣齊全，分明可以即到即辦，承辦員就能故意刁難。但只要知道他們的規矩，付上幾鎊現鈔，情況即大大不同，保證隨辦隨取絕不耽擱，在這辦事公開要小費的劣規，人人皆知。

到國家級的開羅博物館參觀，攜帶相機另收十鎊，但館內卻以保護古物為由，明令禁止使用鎂光燈，然而在館內卻隨時看見閃光四起，妙的是在閃光處必有警察，那是擺明給了小費的範例，有了把虛許，古物就有免疫力，任你使用鎂光燈大拍特拍。

有拿相機遵守規矩不拍的觀光客，經過旁邊監視的警察，他會主動把觀光客領到展示櫃，指著不容易看到或特殊的古物，用手勢表示可以讓你拍，甚至把他當成模特兒

也無所謂，要的就是－把虛許。

在開羅要找個停車位很難，常為了找車位就讓人抓狂，車多停車位少，又無整體規劃，更無立體停車場設施，初到開羅就常因違規停車，其罰款居然累續數百埃鎊。

而僅有的幾處公有停車格，每當看到有空位，還沒等你準備切入，旁邊突然冒出一位仁兄，似模似樣地指揮你倒車切入，等到把車停妥，這老兄一手幫你開車門，另一手則要小費，還不能不給，至少等辦妥事來取車，最多多一張停車繳費單，保證全車無損，不會多條刮痕或是啥的。這才十PLS，十元台幣嘛，當作花錢消災保車的毀容險。

這種停車位還得靠運氣，不一定有的。不過沒關係，另有絕招，找有警察的地方，哪怕在十字路口也無所謂，大大方方把車往他身邊一靠，先打聲招呼－「殺你媽你控」，禮貌上與他握個手，暗中把預藏在手心的一埃鎊塞給他，這一切就搞定啦！就算過了個把小時才回來，那位老兄還在守住車子，即使原來那位交班離開，也儘可放心，接班的同樣心照不宣，最多再塞一次小費，此招是百試百靈。其他如違規、超速、無照駕駛等等，只要先在證件內預夾幾埃鎊，警察只會把錢抽走，證件原封不動歸還，擺手放行，在埃及境內開車只要沒出人命，有把虛許保證萬事OK。

在別的國家買東西，尤其是大量採購，都把你視為財神爺，巴結都來不及，可是在埃及可行不通。

埃及雖然是回教國家，又身為眾神之國，與基督教、天主教及其他等宗教等共存，伊斯蘭教禁食豬肉，其他教派則不禁，因此豬肉在特定的地方還是買得到。但那肉販老闆賣肉，可不讓你選，更不讓你挑，也絕不跟你囉嗦，刀起刀落那塊就成了定局，每次買到的不是肥肉太多，就是豬皮佔了一大半，可用的少之又少。結果試用小費這招，效果則大不相同，雖然刀還是操在他老兄手中，可是這刀起刀落之間，剁下的肉就不一樣了，保證令人滿意，百思不解的是，那操刀的還是那位如假包換的老闆呢！

　　最常見是開車碰到塞車時，在等待那號誌轉換，車旁突然冒出一個孩童，手上拿著髒兮兮的抹布，也不管你是剛從洗車場出來，擋風玻璃還點塵未沾，他的動作可真

開羅國家博物館

　　夠快，使勁地擦著玻璃，其實擦了比沒擦還糟，但他可管不了那麼多，擦完後小手一伸，這可不是白擦的，得給小費，這每輛車都有給，在眾目睽睽之下，你能省那－阿霞拉格令。

　　老外乘坐計程車，上車前都已談妥價錢或按表計算，可是到了目的地，司機還是跟你要把虛許，不給還真難脫身。應付這招的訣竅，是先準備足夠零錢，一下車在車外把算好的錢一塞，掉頭就走。

　　在埃及步步付小費，人人要小費，處處要小費，唉！簡直不勝枚舉。這是個小費至上的民族，入境隨俗只有認命，世界上又有哪個國家，像這地方如此要把虛許的，把金錢萬能發揮到淋漓盡致，夠絕吧，埃及也是夠另類吧！從另一角度去觀察埃及，就會發現更多有異於其他國家之處。

欺善怕惡

打小時候就熟悉阿里巴巴與四十大盜的故事，十幾年前還流行過一首阿里巴巴的歌曲。其實阿里巴巴正確發音是「阿里巴把」，翻譯其意，就是強盜、土匪、掠奪、小偷、或壞人的通稱。

切記身在中東，阿里巴把可不能亂用，如果對著一位不熟悉的阿拉伯人，指他是阿里巴把，這是對他極為嚴重的汙辱，萬一又解譯不清楚，當心他會拿彎刀跟你拼命。故得適時適地而用，才不會引起糾紛，筆者在埃及就曾親身經歷過阿里巴把的趣事。

初到埃及便住在開羅，當然對這古國處處充滿好奇心，幾乎公餘及假日，就帶著單眼相機及長遠鏡頭、腳架，獨自開車拍攝古蹟與風景。有一日傍晚，在位於開羅大橋旁的小公園，找到一個景觀不錯的位置，架好相機換上長鏡頭，準備拍攝對岸開羅高塔及尼羅河夕陽景觀。

正全神貫注調整焦距，突然冒出一位個頭滿高、身材壯壯的中年阿拉伯人，拿著一張十埃鎊，嬉皮笑臉的要跟我換零錢，當時身上確實沒零鈔，同時警惕人在國外錢不露白的原則，再看此人也絕非善類，說不定才掏出錢，被他一把搶走，自己全部攝影家當還架在地上，這能追嗎？

隨即向他表示，沒有零錢可換，只見他老兄把臉一橫，語氣凶惡的說：你得給我五鎊。天呀！會有這等事，

尼羅河落日美不勝收

換不到卻用要的，雖然身在異國也不吃這套，當下馬上還以顏色拒絕，但他就耍賴死纏，表示非得給他五鎊。

此時不遠處有對情侶，大概是看不慣了，過來對他講幾句重話，只見他老兄惱羞成怒，目標轉向那對情侶，出拳就要打對方。這可惹毛了我，順手拎起備用的單腳腳架一擋，他的拳頭正好打在鐵腳架上，頓時痛得他哇哇大叫。此時我大吼了一句「阿里巴把」，圍觀的人增加了好幾位，這人一看情勢不妙，也不敢再惹我，就對著那兩位情侶撂下狠話，一溜煙就不見了蹤影。

事由我起，差點還害那對情侶挨揍，除再三謝謝外，又擔心那人回頭找他們算帳，堅持用車送他們回去，往後還成了 - 傻低估【好朋友】。

還有另一回開車經過十字路口，當時絕對沒有違規，有一位穿得邋裡邋遢的警察哨子一吹，要我把車靠邊停。嘿！車來車往就挑特種車牌的老外車，當下心裡就有點不爽，但警察在執行公務嘛，只能依指示把車停到路邊。他先是檢查行照及駕照，心想這位老兄應是目不識丁，看都沒看就還給我，本以為沒事正想駕車離開，他卻把手一擋不讓走，接著繞著車檢查一圈回到車窗旁，遞了一張約電話卡大小、上面用手寫阿拉伯文的影印紙條，比手勢說要罰五鎊。

嘿，有這種罰錢法！我既無違規，行駕照齊又全，護照及工作證無缺，這算哪門子的罰款。

當下一肚子火，下車跟他理論憑什麼要罰五鎊，他老兄用手指後左方向燈，燈罩上一個約十元鎳幣的破洞，表

示是車體不整，要罰。

　　天啦！這點破洞也要罰，放眼看去路上跑的，哪一輛車比得上我這輛車，不是車體東凹西凸，就是左右後視鏡全無，不然大燈就像獨眼龍似的少了一個，更過份的還有車門是用繩子綁的。心想他看我是老外好欺負，好嘛！當下指著每輛經過的車與他理論，表示要罰還輪不到我這輛車，然而秀才遇見兵，有理說不清，他就是站在車旁堅持要罰五鎊。此時爭論引來幾位民眾觀看，突然筆者指著他脫口而出『阿里巴把』，只聽到一陣掌聲及叫好聲。在埃及，警察權威可大著，平常就欺壓老百姓，百姓受了委屈還敢怒不敢言，而今卻被一位老外當眾力爭，還指罵他是阿里巴把，幫他們出了口怨氣。

　　只見他先是一愣，連自己同胞都偏向老外，大概想今天可撈不到好處，若再堅持下去難堪的還不知道是誰，便見他手一擺要我把車開走，連那張未繳納五鎊的罰單也沒要回去。

　　在埃及數年，發現當地人大都是欺善怕惡，任何事只要被吃定了，就會陷入永不能翻身的地步。兩次適機使用阿里巴把，化解了事端，但不能濫用或運用不當，否則會引禍上身。◌

能推則推
服務員更屌，顧客上門鳥都不鳥，就坐在那

埃及國民所得非常低，一個大學畢業在政府機構任職，每月所得在兩百埃鎊之間，一般高職學歷則只有一百五十鎊左右，收入低薪的人民其困苦可想而知，失業者更是大有人在。

埃及雖以伊斯蘭教為國教，卻實行共產主義，公營機構上下班時間為：九點上班，下午兩點半休息，四點再工作至六點下班。故能進到政府機構就是捧著鐵飯碗，公務人員薪資固定，做多做少就是那麼多，只要不犯大錯，誰也奈何不了，所以從不講求工作效率。

因此到政府機構洽公或公營商店購物，那種服務態度與那副嘴臉，加上愛理不理的的樣子，實在令人不敢領教，反正是個個能推就推，能拖就拖。原本只要幾分鐘就能辦好的事，可以推來推去磨上一陣子，碰到不爽的便把文件一擺，一句－渤克拉【明天】再來，隔天你又得再跑一趟。

公營百貨公司的服務員就更屌了，顧客上門鳥都不鳥，幾個人坐在一起聊天，一副事不關己的樣子，耐住性子三催四請才過來一位，特標準的晚娘臉孔一擺，讓她多拿幾件樣式挑選，那副嘴臉就更難看了，有時氣得真想甩她一巴掌，但公營商店售價與市面上價格差很多，貪便宜嘛就只有忍。

埃及產棉，服裝倒是很便宜，一套大量生產的三件式西服，才要一百鎊左右，純羊毛也不過二百鎊以內。憑心而論質料確實不錯，但樣式與車工就不怎麼的了；也可以量身訂做，除了衣料費外，手工費另要約二、三百鎊，比起整套成衣貴出太多，但一分價錢一分貨，穿在身上的感覺就是不一樣。

埃及男性在穿著上比較隨便，多數是一套式阿拉伯長袍，新潮一點的則一身青年裝或西褲及襯衫，但政府官員或生意人，為了顏面與表示其身分特殊，儘管氣候炎熱，平均溫度也在三十至四十餘度，所以即使汗流浹背，終年還是整套西裝在身，其耐熱性真令人佩服。

女性穿著倒相當講究，上班族從服裝上即可分辨其宗教，屬回教者一如其傳統，終年各式質料長袍在身，加上一條花色頭巾；基督教或天主教則穿著較為隨意，也不外乎洋裝之類。

公務人員薪俸少，吃的方面比較簡單，不外乎是三多士（麵包夾些醬類、燻肉片、乳酪等），喝些自來水佐餐，埃及自來水可生飲，講究一點的來杯可樂或礦泉水，花費約在半鎊左右。

至於勞工類就更省了，三、五人圍成一圈席地而坐，以‑扣貝斯【烤餅】為主，配些罐頭肉醬，外加泡菜、韭菜、生洋蔥，幾個人花費在一埃鎊上下。埃及人喜歡生冷食品，又極愛甜食，講究一點則多些蛋糕類及一杯茶。

埃及為眾神之國，以回教為國教，與各種宗教共存，異教者為數不多，除了教義不同，言行舉止也較為開朗。

多半在手臂上刺青，天主教以＋字為記，基督教則掛上十字架，讓人一目了然。

　　至於兩性之婚姻關係，伊斯蘭教有嚴格規定，女性不得嫁給異教徒或無神論者，但男性卻可以迎娶異教女性，可能是認為嫁雞隨雞，只要進了我家門，還怕不會改變信仰及換穿服飾。

　　埃及的年輕少女，不論其宗教看起來都滿漂亮，五官輪廓深邃還真夠迷人。不過到了中年的女性，泰半都比較胖，有些腰圍就像五十加侖的汽油桶，其臀部少說也在一公尺左右，也許和愛吃甜品與乳酪有關吧。&

公營百貨店員標準服裝

寸步難行

遇有狀況，一個緊急煞車人就像下水餃般落地

埃及交通雜亂世界聞名，至今還未限定何種車輛可以上路，何種車輛在特定時間才能進入市區，連畜牧進入市區也沒規定，常見大群牛羊、駱駝、騾、驢、馬等穿梭鬧區與車及人爭路。

埃及陸上大眾運輸工具有火車、地鐵、電車、公車、長途巴士、計程車、轎車與獸力車等，所有運輸工具中，撇開觀光客豪華巴士、中上階層用的高級轎車不提，僅選一般平民化來談。

最引人側目的，是奔馳在鐵道上的普通列車，車廂內除了擠滿乘客，車頂上居然也坐滿人，這些不顧生命危險的民眾，席頂而坐或躺在奔馳如飛的車頂。追究其因，普通列車車廂靠窗處只設置兩排座椅，中間堆放大件物品或農產品，這類車廂內既沒空調設施，就連最起碼的風扇都沒有，小小的空間擁擠人群、成堆貨物，加上炎熱的氣候，能待在裡面還真要有點能耐。搭乘此類列車的旅客，都屬貧寒百姓及軍人，就埃及的軍人而言，每月只有幾埃鎊左右，吃喝都不夠，哪能負擔額外開銷，返鄉或回部隊沒錢搭乘高級列車。普通車人多班次又少，車廂內容納不下太多乘客，只好讓旅客爬上車頂，車頂上除了不受擁擠及炎熱的罪受外，最大好處當然是免費。車頂沒有安全防護，常有人不慎摔落地面，行車遇有狀況，一個緊急煞車

人就像下水餃般
落地，每年就因
搭乘這種免費
車，犧牲生命的
人數就不少，但
摔下來也只能自
認倒楣，誰讓你
爬上車頂的。

公車分冷氣
及普通車兩種。

冷氣車屬於高級車就甭提了，普通車可就有得瞧了，車輛
都是破舊的老爺車，除了車體破破爛爛，窗框上還都沒玻
璃，可能方便乘客上下車，甚至有門框卻沒有車門，反正
裡裡外外都很破爛，加上乘客隨手扔的習慣，地板上都是
垃圾又不打掃，車廂裡充斥著難聞的味道，簡直讓人窒息。

車內乘客比那沙丁魚罐頭還擠，一個個緊貼著，乘這類
公車得要有能耐才有辦法上車，不過在最裡面要下車可擠不
出去，說不定過了兩站，在人群中還動彈不得。一般女性都
不敢搭乘這種公車，寧可步行，因被騷擾了還不能說。

常見車廂內已很擠，乘客還是照上不誤，擠不進車廂
就吊在車門外，腳是上去了身子卻懸掛在門外，司機可照
開不管。至今仍令人納悶的是，這公車是如何收錢？

公車好像沒有站牌，司機也不靠邊停，乘客要穿過車
道才能上下車，大權掌控在司機手上，他老兄高興減速把
煞車一踩，即使在大馬路中央也照停不誤。

　　私營小巴士，和公營的也沒啥兩樣，也是車體破爛不堪，但票價可比公車貴，搭乘的人也不多，倒很少見到超載，乘客則以女性為多。

　　到埃及要找古董車可多了，除了勞斯萊斯名貴車外，只要往那小的城鎮，放眼望去路上的計程車，全都是歷經半世紀之久、各廠各牌各式各樣的老爺車。司機買下又老又舊的車，很多還沒有兩側的後視鏡，車窗也沒有玻璃，稍為整修一下，便可申請營業車牌，交付政府幾百鎊管理費，每月卻有千餘鎊的收入。

　　這類計程車並不計程收錢，裝有計程表也從來不按表計費，由司機酌情收費。有些則叫客跑固定路線，乘坐這種車要有心理準備能跟著擠，拿不準司機老大塞幾個人進來，說不準連閣下腿上都能坐上一位滿身異味的老埃，這類不管乘客的權益，連行裡箱也能載上二、三人，那還算

是特別座呢，至少不需與人擠得那麼難過吧！

最讓人受不了的，是車內專找老外下手的跳蚤，包準咬得你呲牙裂嘴還帶混身包。這還不打緊，老爺車隨時會罷工，乘客得幫忙推或等的能耐，就算另外找車，但車資照樣付。

搭車前要知道行情先準備零錢，觀光客常吃悶虧，給他大鈔就驅車而去，司機看是觀光客更會獅子大開口，除非能說上幾句阿語，一定先要講好價錢，到達目的地堅持原價絕不能順從。

第二次世界大戰，德軍留下許多加掛船舷摩托車，在鄉村大行其道，全當野雞車在用，別小看這老古董還真管用，原供兩人使用的車，居然疊羅漢似能載上七、八位，連車手把上還可載上一位。

埃及擁有各類型載客車輛，連獸力車也插上一腳，為數還不少，本是鄉間搭載短程所用，在首都開羅或各大城鎮，也隨處可見到這種獸力車，漫步於主要幹路，穿梭在現代車陣中，使得原本擁擠不堪的都市，更平添雜亂無章的景象。&

步步驚魂

在車陣裡見縫就鑽，既不打方向燈更不按喇叭

在台北感覺開車不易，到了埃及才知在那開車更難。開羅是非常擁擠的城市，四車道和六車道的道路很少，不知是埃及人不懂交通規則還是缺乏公德心，駕駛不會彼此禮讓，因而常狀況百出，隨時都有交通事故，肇事機率非常頻繁。

路窄車多，埃及人開車又快，到路口也不減速，轉彎更不打方向燈，想拐彎就拐，超車看他高興隨時就超，眼裡根本沒有交通規則。在埃及注意看，會發現多半車輛沒有兩側後視鏡，這不是車不需要這項設備，而是駕駛的開車技術，是一等一的高手，在車陣裡見縫就鑽，不打方向燈也不按喇叭照會對方來車，擺明空間已容不下超車的寬度，卻照樣往夾縫鑽、往夾縫擠，後視鏡往往就「卡」一聲給擠掉了，就算裝上新的，反正沒過幾天又沒了，乾脆不裝省錢省麻煩。

街道上最鮮的，莫過於見識到埃及人的熱情，不管何地何時，兩車交會遇到朋友，車一停隔空喊話就能寒暄半天，後面的車輛喇叭按得再響，不但不理會還瞪你兩眼，你能奈何。

像專為學校、醫院及特殊地區的路面上橫鋪凸出的路障，原意是讓車輛減速慢行，但埃及此路障隨處可見，尤其在村落，居民只要他高興，在道路上隨便堆一些泥或碎

石，既不平整也沒插警告標誌，對駕駛造成莫大的威脅，可說是步步驚險。

在破曉或黃昏時候，經過鄉村、部落得更加小心，在這時段有很多無警示燈的獸力車，加上成群的羊、牛、騾、駱駝，更是寸步難行。萬一遇上一隻懶驢在道路中撒野，也只能嘆息：「一驢擋道，萬車莫行。」最可怕的是，黃昏時經過鄉鎮，村民喜歡三五成群漫步在道路上，而衣著多半是灰暗色長袍，此時段又是人類視覺最差的時候，車子沒開到近前，是很難看清前方的狀況，萬一撞到了人，倒楣的是駕駛人。

在這裡夜間開車與其他國家不一樣，交會時都不開燈，只在近距離交會才互開一兩秒鐘，最初並不習慣這種方式，久之倒覺得滿管用，不會被對方燈光射到雙眼，反

而在彼此一明一暗，其視線變得非常清楚。

最令人頭痛是碰上鄉村趕集，這種流動性攤位沒有特定的場所，一般就利用道路的柏油路面，哪怕道路是唯一的交通要道照樣佔用，從賣雞蛋、乳酪、衣物、雜貨等各式攤販，到牛、羊、驢、騾、馬、駱駝等巨大畜牲，往路面一圍就地做起生意，一場集會可延伸數公里，地攤加上擁擠的人群，把原本就窄小的道路全給佔用了，既沒人指揮交通，更沒見到一位警察。

開車遇到這種趕集，如果使性子硬往裡闖，絕對是陷在人群中動彈不得，甚至還會引起眾怒，拍打你的車子，誰讓你硬闖進來，識相的老遠把車停靠路邊，先睡它一大覺，要不把車門鎖好，跟他們一起擠、一起去湊熱鬧。

以旁觀者觀察，很多肇事大都出於警察本身，常在十字路甚至在快速道路上，有穿著警察制服的老兄在攔車，起初以為前面發生狀況，停車後才發現原來是他要搭順風車，由於不管何時何地半路攔車，常會引起後方車陣大亂。

而鄉鎮的警察除了服裝夠爛，指揮的手勢更是亂七八糟，比劃半天就搞不懂在指揮什麼？完全沒有受過正規訓練。可是，警察的權威可大著，只要大爺他高興哨子一吹、手一擋，行進中的車輛就得馬上煞車，不夠機警再加上煞車不及，經常便聽到碰一聲，車禍因此發生。

老實說在埃及開車，遇到塞車打結還不打緊，後方猛按不放的喇叭尖銳聲，才讓人消受不了，有人說台北開車不易，說實在在埃及開車更難。⊗

I.B.M.鼻祖
給了錢也拿到提貨單，還是推得乾乾淨淨

乍見此標題，十之八九都會懷疑有沒有搞錯，在這國家也談I.B.M。絕對沒錯！埃及人早就把I.B.M運用得「爐火純青，出神入化」，早就要列入固有文化，更是I.B.M的鼻祖。

阿拉伯人日常用語中，最常掛在嘴上、也最善用，莫過於－因夏阿拉（INSHI ARRA）【阿拉的旨意】，－渤克拉（BUKURA）【明天】，－馬捏許（MARESHISHI）【沒有關係】這三句。

把這三句頭一個英文字母，放在一起，就是如假包換的I.B.M了。

因夏阿拉這句用語，經常令人啼笑皆非，力爭也沒有用。在埃及任何的承諾、約定，甚至訂了貨也繳了預付款，他們總會留下一句－因夏阿拉【阿拉的旨意】。到時黃牛了交不出貨，他們可以推卸得乾乾淨淨，理由是：我已告訴過你，我盡力，至於發生變化，那是阿拉的意思與我無關。以他們想法一切聽天由命，一切看阿拉的旨意。

渤克拉【明天】，阿拉伯人更把它運用到出神入化之地步。簡單舉例，同樣到商家訂妥物品，對方也確定明天交貨，但第二天十之八九又拿不到，問他到底什麼時候可以拿到？他總會回答－渤克拉。別以為明天真的能取到貨，說不準還是空跑一趟，如果再把他給逼急了，胡桃臉

銅製品特賣店

絕對會再來一句－渤克拉，加上一句－因夏阿拉，意思是答應明天，那還得看阿拉的意思。至於你是燃眉之急，那是你家的事，在他們來說，明天就是未知數，過了明天還有無盡期的明天。

馬捏許－【沒有關係】，阿拉伯人凡事遇到不好解決，都會來上一句馬捏許，就算任何事擺明是自己錯，也會來句馬捏許，這種說法誰能接受，甚至會發生更大的爭論。

有一次老埃開車撞到我的車子，才下車想與他理論，還沒等到我開口，大老遠就聽到－馬捏許、馬捏許。這等於在火上加油，在台灣大概就幹起來了，就很不客氣回答他－母許蒙肯馬捏許【不可能沒有關係】，結果他老兄還是一副笑臉，還在那馬捏許、馬捏許，雖有一肚子不滿，但你又能怎樣，別人可笑著與你對話，這伸手不打笑臉人，只能自認倒楣了。

後來與埃及友人談到此事，才知這馬捏許是雙關語，除了沒關係外，另解釋為：對不起多包涵之意。由於此語混淆不清，加上使用場合不當，往往令人誤會更深、糾紛越大。

現在的I.B.M算老幾，阿拉伯人早在幾千年前就沿用至今，可堪稱是I.B.M的鼻祖，理所當然也是他們文化之一，難道不是嗎？&

第
2
章

異國飲食

穿著華麗服飾的過客，抱著一堆沾著塵灰

阿拉伯人三餐都以‑扣貝斯（KOOU BEY SY）【烤餅】為主，是用麵粉加水揉和，壓成圓形放入烤爐烤出的餅。扣貝斯的作法很簡單，一般家庭用任何爐具都能烤出香噴噴的大餅，可能是過程繁雜又費時，很多人就到扣貝斯的販售店買現成的。販售店分公營與私營，每天定時供應，時間一到，附近居民大排長龍買熱騰騰的扣貝斯。

香噴噴的扣貝斯，十個只要台幣七元左右，以正常人食量，一餐兩個足足有餘，剛出爐的口感及味道還真不錯。販售店除了現烤現買外，也提供給走賣小販，小販頭頂棗樹葉編的籃子，裝上兩、三百個各地叫賣，要不就地在路邊販售，不管路上人來人往、過往車輛揚起的塵土落在餅上，生意照樣興隆，不時還看到開著名牌轎車、穿著華麗服飾的過客，抱著一堆沾著塵灰的扣貝斯絕塵而去。尤其在下班時刻，三、五百個扣貝斯片刻便一掃而空。

埃及人除了以扣貝斯為主食，米飯也是其中之一，但從未看過只吃白飯的，飯中必摻入豆類或各式調味料。埃

阿拉伯通稱‑阿苦力【用餐】AH KUU LIH

FEEI DAA LHA‑誹達拉【早餐】上午九點至十點

KEH AH DAA‑阿克達【午餐】下午二點至三點

AH SHVA‑阿霞【晚餐】晚上九點至十點

及的米屬於配售品，市面雖有販售，但價錢比配售高出很多，市面出售的幾乎都是糙米，米中必摻雜很多小石子，買回後得一一挑出，市面上白米的數量很少，大量採購要有門路才買得到。

埃及人喜好麵食，麵條則以剁碎的牛肉、蕃茄、洋蔥煮成醬類拌入而食，類似義大利麵。此外有一種類似牛肉餡餅，肉餡加入大量的茴香，口感與台灣餡餅相差無幾，但感覺上香料太重，埃及人也用高麗菜、生菜，甚至用葡萄葉，包入調好味道的米、肉等，用蒸或烤熟食用。

這一個一口的飯捲，味道還真不錯，尤其用葡萄葉做的飯捲，帶些許葡萄葉天然酸味，是類似飯捲中最令人回味的飯捲。

本地盛產葡萄，採下約手掌大小的嫩葉，洗淨後包入調味適當的米餡蒸熟即可，埃及人也喜歡用黃瓜、菜瓜，把中間掏空，塞進米、肉等烤熟而食之。

怪的是我們認為美味的絲瓜，埃及人絕不拿來食用，菜攤上從未見過擺絲瓜，初到埃及看到城市或鄉村的庭院，幾乎都種植絲瓜，有的結瓜累累，卻不見他們採來食用，曾向他們買些嫩的絲瓜來做菜，卻遭到拒絕。在他們的認知中，絲瓜要等到纖維化後，曬乾成為絲瓜囊，只是用來洗澡、洗刷鍋盤清潔用，怎能把它列入食用品。

埃及人對副食倒滿講究，注重其營養，更偏愛蔬果生菜，是三餐不可缺的配菜，而且都是生吃。辛辣味很重的韭菜、洋蔥、大蒜、九層塔、蠶豆、芹菜、青椒等一條條就往嘴裡塞，一口一口啃。其中還有黃瓜、蕃茄、生菜、萵苣、紅蘿蔔、四季豆等等，最讓人不可思議的是，埃及人生吃蘿蔔葉卻不吃蘿蔔。

有的生菜先切碎，拌上橄欖油、鹽、檸檬，是道很棒的開胃菜，卻沒見過拌沙拉醬的吃法。至於泡菜，酸度及口感與我們的泡菜雷同，差別是用生水泡製而成。

由於注重營養，早餐均以人體所需為主，多數以扣貝斯，佐以碗豆、芝麻等調理成的醬類，加上乳酪、酸乳、鮮奶、蜂蜜、生菜、泡菜、水煮蛋等。

午餐則比較簡單，上班族吃的多數以 - 三多斯，類似法國麵包切成兩段，夾些燻肉、煮蛋、蕃茄、泡菜，即成一餐。或來一份 - 沙威瑪，以麵包夾上烤肉、洋蔥、蕃茄等，淋上醬料就是一餐。埃及人喜歡甜食，講究一點的則多了塊蛋糕及餐後那杯紅茶。

至於勞工就更省了，幾個人圍在一起席地而坐，以 - 扣貝斯為主，配些肉醬類、泡菜、生韭菜、生洋蔥，外加

一瓶生水，幾個人花費也不過在一埃鎊上下。

　　家裡因男人外出就更簡單，扣貝斯配點醃菜類，以能充饑為原則，對質方面也不講究。埃及人除非宴請外客，否則平常難得煮湯，多以清水佐餐。

　　有客人則用豆類熬成濃湯，要不就是將煮過的雞、鴨所剩餘的湯頭加些洋蔥、胡蘿蔔、蕃茄，即成一湯。

　　埃及人很注重晚餐，用餐時一家老小圍成一圈，菜餚則大不相同，不外乎是雞、鴨、魚、蝦、牛、羊等肉類，用蒸、煮、烤、燜、炸各種方式烹調，其烹調過程與他國大同小異，差別在調味及佐料，如醬油、薑、五香、八角在這可買不到，他們也不接受東方味的佐料，而偏重肉桂、豆蔻、大茴香、小茴香等味道較重的香料類，在埃及多年還從未看過熱炒類菜餚。

　　埃及雖沒用醬油或糖漿上色，有的肉像是紅燒顏色，她們把洋蔥切碎，放入加油的平底鍋，慢火燒到洋蔥呈焦紅色，倒入肉類而有染色的效果，洋蔥煮熟後甜味必滲入肉中，此類菜餚除肉之外，多半會再加入馬鈴薯、紅蘿蔔、豆角、黃秋葵等。

　　在亞歷山大城吃過一道，先烤再燜的雞料理，其肉質鮮美及口感至今還回味無窮，原本這家餐廳每天都大排長龍，遺憾的是突然換了老闆也改了裝潢，這道美食就消失在菜單上。

　　埃及人最喜歡的莫過於－卡巴【炭烤】，他們把牛、羊、雞切成塊狀，用炭火慢烤，食用時灑些細鹽，其鮮味十足又不失鮮嫩及水份，最棒的是羊肉沒半丁點騷味。

魚則用整條未去鱗及內臟的新鮮魚，外裹一層配好的香料醬，用文火慢烤，也別具異國風味。倒是在台灣盛名的尼羅河紅魚，在埃及卻沒找到過。

位於尼羅河與地中海的交匯處——「羅西塔」，有出產一種名為「誹西」的魚，據說是唯有此地才有的特產，魚肉特別鮮美，物以稀為貴，而深獲沙烏地阿拉伯的皇家貴族喜愛，但產量有限售價高昂。

每逢魚汛期，當地漁民及居民全都出動，用船下網或在兩岸捕捉，捕捉到的魚條條活蹦亂跳，上岸就有人持現鈔收購。

魚撈上岸未經處理，活生生用鹽水醃泡，隨即裝箱運送，聽聞醃至十天左右整條取出佐餐。久仰此魚之盛名，在機緣中見到此魚，迫不及待用手捏下一小塊，然尚未送到嘴裡，一股濃厚魚腥及臭味直衝腦門，只差沒把前一餐所吃的全嘔吐出來，高價的美食擺在眼前，由於口味不同，不敢再度領教，而沒體驗到傳說中的美味。

由於地理環境不同，民情風俗各異，各有各的飲食文化，食的方式及口味也有差異，其實只要能融入他們的生活，習慣於他們的飲食，也是身在異國中的另一種享受。∞

美食佳餚

酒精濃度少但麥香味很濃，名為STELLA『死他拉』

想嘗試當地口味的餐飲，可別邁入觀光飯店或大餐廳，一般這樣地方為迎合大眾口味，將一些西方口味融入原味菜餚中，令那些想品嚐道地埃及口味的饕客大失所望。其實大飯店或高級餐廳價位很高，還不如找那不起眼的路邊攤、尼羅河畔露天餐廳，保證可以大飽口腹，又物超所值，更能品嚐到真正的埃及美食。

如不在乎衛生條件又不講情調的話，可找路邊不起眼的餐飲店，而這類餐飲店在門口會放著炭火的烤箱，店內既沒有裝璜，燈光也昏昏暗暗，幾張鋪著舊塑膠布的木桌，幾張破舊木椅，桌上一瓶陶製水瓶，髒兮兮的塑膠杯，僅看那衛生差會讓人倒盡胃口，故觀光客很少光臨，來客均以當地人為主，但屬於純道地本土口味。

埃及食物烹調都很簡單，刀工也不講究，食物多以烤為主，並以－卡巴【炭烤】居多，他們選用牛、羊最適合烤的部位，以上等木炭燃燒，過程中火候及翻動都要掌握及拿捏得準，才能烤出一串串色、香、味俱全的烤肉。

烤肉分為兩種。其一，未經添加調味品，以牛、羊肉切塊，串在鐵條成串置入烤爐，烤熟後抽出鐵條，放置墊有羅勒葉的盤子中熱騰騰上桌，食用時灑些鹽，入口則感受到外層香脆，內則鮮嫩多汁，以羊肉串不帶一點騷味，其鮮美度更令人回味無窮，再配上特殊香味的羅勒葉，則

另有一番滋味，據阿拉伯人稱羅勒葉對男性另有功效。

卡巴另一種烤法，是先把肉類絞碎拌上剁碎的洋蔥，香味很濃的大茴香、小茴香等香料，在鐵條捏成一坨坨，後烤到熟透，稱為「噓噓卡巴」。以東方人口味除了感到香料太重，而食之又沒口感還多油，此類為當地人喜愛，價錢比較便宜外，將它夾於扣貝斯【烤餅】中當主餐食用。

兩者比較，還是前者受觀光客所喜愛，尤其配以生菜沙拉，再來一瓶埃及自產酒精濃度少、麥香味很濃的－死他拉（STELLA）的啤酒，坐在河畔的露天餐店，眼觀尼羅河引人入勝的風景，身受河上吹來的習習涼風，一口啤酒一口肉，餐後來上一杯紅茶，再加一管水煙，為在埃及中最難忘的享受。

烤雞，在埃及分為兩種：一種用傳統炭烤；另一種則是現代化電烤。如不是在漫長的路程中，又沒準備裹腹的食品，絕不會去碰那，唯有炙熱香酥外皮外、肉質淡而無味的烤雞。

在國內宴席多半會來道油淋乳鴿，但其肉質乾乾巴巴，還帶那一股鴿騷味，實在沒啥啃頭，也難引起人的食慾，也許有人動那一兩塊，剩下的全給浪費了。在埃及美食中，有道燜鴿子則令人回味，他們將絞過的牛、羊肉加上洋蔥、青椒、蔥蒜，香料及米等，填塞到乳鴿腹內上爐燜烤，上桌時那模樣倒不起眼，不知是鴿子品種還是填塞物所致，入口沒有那股鴿騷味，尤其肉質之滑嫩及腹內填充料鮮美度，讓人食慾大振，品嚐過的都讚不絕口，況且

養鴿樓密佈進出口

食用一份燜鴿即滿足胃之需求，經濟實惠又大飽口腹。

　　燜鴿並非一般餐廳都有，只在專賣的餐廳才供應，燜鴿餐廳幾乎都開在公路旁，最明顯的標誌是廣場上豎立一個土窯似養鴿高塔，有的在牆上繪畫幾隻鴿子，非常容易分辨。

　　埃及人喜歡養鴿子，鄉間幾乎戶戶都會養上一群，鴿舍用濕泥混合稻草建築而成，高塔外表塗上白灰，四周開滿鴿子的出入口，造型頗為奇特，一座高塔鴿舍可養上二、三百隻鴿子。

　　沙威瑪，國內並不陌生，這原是埃及人最普遍的裹腹食物，經由埃及人默罕默引進台灣，最早出現在台北市饒河夜市。由於生財工具造型特殊，一大串烤得色香味的肉串，加上純阿拉伯人特殊的相貌，一出現就引起國人的好奇心，懷著一嚐異國風味食物，還未等到那坨肉烤熟烤香，已有人在排隊等候。這道在埃及最普遍的沙威瑪，因為風味大異於台灣小吃，受嚐新者喜愛，而讓此君海撈一把。

　　其實在埃及販賣沙威瑪，都需具備三組烤爐，分別以牛肉、羊肉、馬肉串成大坨串烤，再削下烤熟的肉後，加上香料拌和夾在麵包中，配上一點蕃茄、泡酸菜，即為一道簡便食物，一份約台幣四十元左右，價廉又可充飢，為外出者及上班族最偏愛的速食。

　　沙威瑪引進台灣，為迎合本地人的口味及成本，以雞肉代之，配料也改變很多，已失去那種原味，連麵包都鬆鬆垮垮，沒埃及麵包的那種紮實感。

倒是那位默罕默不惜千里遠渡重洋把埃及最普遍及廉價的食品帶到台灣，又把那套生財工具大量製造販售給國人，而將沙威瑪推展到全台各地，還真是鹹魚大翻身，不但囊括了國人口袋中的－俘虜死【錢】，更獲得本地少女的青睞，當了台灣人的女婿，取得長期居留證及工作證，人財兩得，才是最大的贏家。

　　台灣夜市常見到印度甩餅的攤販，其實這種－飛提耳【甩餅】在埃及也是大街小巷處處可見，僅欣賞那甩餅的功夫，就令人嘆為觀止。一塊小小的麵團，在巧手的撥弄下，沒幾下就把麵團甩成大大薄薄的一片，攤平在桌面加入絞肉等佐料，摺疊成書本般大小送入烤爐，幾分鐘就烤出香噴噴的飛提耳。

　　吃飛提耳得趁熱，入口香酥頗有嚼感，飛提耳除有鹹口味外，也可以加糖及花生粉，口感也滿不錯，可惜的是飛提耳油份太多，幾口下來滿嘴是油。

　　瑪咖露那【麵】，在埃及則混合義大利麵的做法，不外乎用煮熟的通心粉或麵條，加入肉醬、豆類、蔥末，再撒上蕃茄醬，即成為他們稱之為－苦剎你【肉醬麵】。由於售價低廉，本屬當地人的普通食物，因其味道不錯，也成為觀光客所愛。

　　喜歡吃甜的人，到埃及可有口福了，埃及人愛吃甜食，蛋糕式樣還真多，但對我這挑食的人來說，就少了那份興趣。不過，埃及的蛋糕除了甜得發膩外，口感也沒台灣來得順口，可能是麵粉沒經細篩，到嘴裡粗粗的，就已大打折扣，再加上過份的甜，嚐過一次再也不想去碰那玩

意了。

　　市面上有販售一種名叫「卡拉發」的甜食，麵絲拉得跟龍鬚糖一樣細，捲成小小個，放入油鍋炸成金黃色，再浸在蜂蜜糖膠中，每次看到卡拉發，雖能引起食慾，但一看到那鍋蜂蜜糖膠，就望之卻步了。

　　說了半天，埃及的甜品就好像沒說一樣，沒有能滿足我這挑食的口慾。不過回到台灣快二十年，還真讓我懷念在埃及吃過的烘培餅乾，也曾是想回台創業的點子，可惜沒那資本無法達成心願。

　　在埃及專賣烘培餅乾的店鋪，採開放式玻璃隔間，店內陳設乾乾淨淨一塵不染，玻璃隔間後幾部類似快洗沖印機的烘培機，烘培各式各樣熱烘烘、香噴噴的西式餅乾，就由輸送帶緩緩而出，憑著親眼目睹及聞到那股剛出爐的香味，就能勾起人的食慾。販售方式採自助式，由顧客自取塑膠桶（肯德基外帶紙桶大小），不同類型、不同價格的餅乾放在不同玻璃盤上任由你裝取，最後到櫃檯稱重付帳，價格也算平價，一桶滿滿的西式餅乾，約在十埃鎊之間。

　　烘培的餅乾為預設配方，由機器控制熱度與時間，故烘培掌握得宜，片片脆而不焦，甜而不膩，香味適中。烘培過程讓顧客親眼所見，現烤現賣，自選自取，價格低廉，加上店面乾淨，營業時間經常大排長龍。

　　一氣呵成的烘培機器，聽說是由他國引入埃及，可惜國內還沒這種烘培店，以目睹所見烘培過程的那份臨場感，必能吸引大量消費者。&

嗑牙零食

促進女性胸部豐滿，是埃及女性及產婦所喜愛

有嗑牙習慣而又愛嚐新的人，到了埃及必傻眼，因除了超商有販賣進口零食外，能上架的土產還真沒見到幾樣，可能是埃及人沒吃零食的習慣，想找些土產來滿足口慾還真難，即使見到也是那些，根本不能算零食的零食。

埃及人販賣傳統土產零食，多半是用手推車沿街叫賣，沒有固定時間，也沒有特定地點，推到哪賣到哪，車上擺的也沒幾樣，甚至有的就單一品項。手推車上擺的不外乎是麵包果、奶豆、苜蓿、花生糖、棗樹心、瓜子等幾類而已，可這幾樣零食卻具有奇特的味道及吃法。

麵包果，麵包樹上結成的果實，這玩意長在樹上，還真有點像水果的模樣，但經採收再烘乾，就成了皺皺巴巴的一坨，活像放久乾燥的百香果，連那顏色都有幾份神似，只是個頭比百香果來的大。小販把麵包果用細繩穿成一串，吊掛在推車上賣，看那外表還真懷疑，這玩意能吃嗎？

烤乾後大如拳頭般的麵包果，拿在手上輕飄飄沒啥重量，但輕歸輕卻出乎意料的硬，想用手掰開，門都沒有，牙口不夠力還甭想能咬下一塊，只有用牙齒乾刨乾啃。這東西到了嘴裡也沒有一丁點甜，連起碼的香味都沒有，經咀嚼還是食不知其味，只能以滿嘴粗粗糙糙、條條纖維來

形容那種感覺。到現在我仍然懷疑，這麵包果真能吃嗎？令我不解的是，親眼看到埃及的孩童在啃麵包果，卻顯得津津有味。

　　奶豆，一種如食指指甲般大小的豆類，乳黃色扁圓型乾豆，用水浸泡後膨脹生食，食用時去皮入口咬碎，由於未經煮熟或炒過，生脆中帶一點類似杏仁味，淡淡的毫無吃頭，有的推車就只販賣奶豆。

　　據聞婦女常吃奶豆，能促進胸部豐滿，增加產婦奶水，故稱為奶豆，是埃及女性及產婦最愛。但對我這既不需豐胸，更不需奶水的大男人，而且又講究味道及口感，實在引不起興趣。

苜蓿，這食物國人應不陌生，一般餐廳的生菜沙拉吧台，都備有這道苜蓿，淋上不同風味的沙拉醬，口感及味道雖不是很好，但它屬於健康食物而深受大眾喜愛，有很多早餐店連三明治都夾有苜蓿。

　　可是埃及人卻把苜蓿當零食，小販將苜蓿籽放入小陶杯，用水耕方式栽培，待長到七、八公分左右，一整盤約五、六十個陶杯，就堆置在推車上叫賣，當地人吃苜蓿不添加任何佐料，一口口就像吃甜筒似的拿在手上啃。

　　棗樹心，這玩意他們也當零嘴，此物就像台灣通稱半天筍的檳榔樹樹心，一模一樣。要買棗樹心得看季節，每年五月份，小販推著車上面放置三、四枝嫩樹心，這東西肉質細嫩帶點清甜，買來得馬上吃，一接觸到空氣會像削皮的蘋果氧化變色，以當地人的消費來說，棗樹心算滿貴的，一埃鎊只有十來薄片，由於棗樹心能去火，而成為最搶手的零食。

　　埃及最能上口的，應以阿拉伯瓜子莫屬，但嗑阿拉伯瓜子，牙縫大的還無法消受這玩意，因其顆粒太小，就似愛玉西瓜的瓜子般大。可別小看它粒小、吃又一丁點肉，瓜子經過烘培後，嗑開瓜子殼細嚼那丁點大的瓜子肉，頓時會感到滿嘴香味且口齒留香久而不散。

　　阿拉伯瓜子顆粒小，咬是絕對沒口感，但那股香氣真令人回味無窮，絕非國內加工的各類口味、顆粒大且肉厚的瓜子能相比。🐙

艾力蘇士

除了清涼去火外，有利尿、通便及化石效果

次在炎熱旅途中，首次嘗試到埃及人最普遍、最便宜的飲料－「艾力蘇士」，一杯近200CC像可樂般呈黑色的艾力蘇士，售價才十分之一鎊。

初次入口奇苦無比，比苦茶還苦，但隨後感到帶有甘草般的清甜而精神為之一振，因便宜加上又能解渴，往後碰到了就來上一杯，甚至用保特瓶裝滿當飲料。過了一陣子後感覺上大小號都比以往來得順暢，後又發現牙縫中夾有異物，挑出來是牙縫中已軟化而膨脹的黑色結石。

照說一般牙齦結石是越來越硬，絕無自己軟化的可能，其間除了陪我走過二十幾年的張X周強胃散外，並未服用過其他藥物，再回想多次小便時，尿色比以往稍為混濁，有幾次還摻有微小雜物，當時並未在意當作正常現象。

之後納悶似乎與艾力蘇士有關，懷疑此物是否有化解結石的功效，因此猜疑再加上從小就有打破沙鍋問到底的個性，便詢問當地居民，從他們口中得知，艾力蘇士除了清涼去火，有利尿、通便及化石效果，至此幾乎已證實疑問，而更進一步取得相關資料。

考古學家曾對木乃伊及水草紙捲本研究，發現古埃及人患病的種類雖然很多，卻找不到梅毒、癌症、結石、齲齒的病例。同時他們在西元前一千六百多年的ED.WIN

SMITH水草紙捲本中，發現埃及人日常飲料中，有種名為AY LIH SU SHYH的飲料，具有暢通腸胃及化解結石的功能。

艾力蘇士在一般雜貨小店，可以買到未處理的原料，看似人蔘鬚經壓扁的乾草，嘗試下彷彿是甘草般的味道，至此心中大約有譜。

返台特地帶回幾斤乾草，到中藥房請中醫師鑑定，證實確為甘草鬚，也從中醫師口中，證實甘草確有化痰、助消化及化石的功效。

艾力蘇士在中東非常普遍，從古至今是他們生活中不可缺少的飲料，也是維持身體健康的必需品。專售艾力蘇士的小販身穿長裙般的服飾，胸前掛著像飲水機水桶大小、裝有可樂色液體的玻璃瓶，瓶口接連一條軟管，只見他一手拿杯一手持管，彎腰就能注滿一杯。

小販腰上繫有裝玻璃杯的腰帶，側方懸掛一個清洗杯子的小盒，但那盒子小，裡面只有一點水，可以洗淨杯子才怪！故每次就自備容器才飲用，當地人則已習慣，如赴埃及旅遊者除非胃功能特強，最好不要好奇嘗試。因他們是使用自來水來製作，所以艾力蘇士在販賣涼水的地點也有，但缺少街頭販賣者的特色。

至今埃及的醫學家認為，增進人體的健康要素，莫過於經常清除腹內的穢物；他們的理論是，所吃進的食物只有少部分能滋養身體、有益於人體所需，剩餘的則為廢物，這些廢物長期留存在體內，不但有礙健康，也是引起疾病的根源，如經常注重並清除腸胃，則可延年益壽。

阿拉伯人清除腹內穢物的方法，通常自行處理分別為

以下三種方式行之：

　一、自行灌腸。常見當地人家的廁所內，高掛著一個
　　　塑膠桶，下接一條細塑膠管，作為簡易式灌腸器。

　二、每月輕瀉一次，為期三天。

　三、食用利於舒通胃腸的食物及飲料。

　艾力蘇士製成過程很簡單，曬乾壓扁之甘草鬚半斤，
以紗布包紮，用清水沖洗保持濕度，揉入酵母粉約半兩，
放置陰涼處三、四小時後，在約一公升冷開水中揉搓，直
至清水呈可樂色，顏色越深越好，再用濾網過濾雜質，裝
瓶放置冰箱，即可當作日常飲料。

　初次飲用可能會引起腹瀉，所以開始時勿過量，每日
以600CC為宜，一個月即可見功效。&

生命之樹

對男性有特殊功能，只要吃五顆抵過一顆威而剛

巴拉哈【椰棗】，因樹型與椰子樹相似故而得名，其果實甜份天然、低鹽又營養豐富，是口碑極佳的健康食品。再者，椰棗屬天然補品，阿拉伯男人深信食療勝過醫療，椰棗對男性有某方面的特殊功能，每天只要吃五顆抵過一顆威而鋼。

沙漠中的阿拉伯人，每天只要吃幾個棗子、喝點駱駝奶即可生存，尤當在一望無際的沙漠中迷途，只要從遠處看到棗樹，生存就有希望，故而稱棗樹為生命之樹，棗樹之果實在阿拉伯人的心目中，更視為生命之果。

椰棗樹的壽命眾說紛紜，在荒漠無人跡的地方，曾有人發現百年以上的野生椰棗樹，但果實已不堪入口。一棵人工栽培的棗樹，生命平均為二十年，棗樹從幼苗到結果需要培植三年。

棗樹分為公樹與母樹，春天公棗樹開花，即施以人工配種，每當配種期，擁有品種優良棗樹的埃及人，會爬上樹頂割下開花的花束，將一串串花粉拿到市場出售，而購回花粉的人也要爬上母樹，把花粉散播在母樹完成配種。

配種後四至五個月，母樹長出果實，其長相與檳榔一模一樣，果實到十月成熟，每棵棗樹年產量可達三百公斤左右；一棵品種優良的棗樹，還未等到果實成熟，大盤商就已全包下再高價賣出。

　　成熟的果實顏色非常鮮艷，分赤紅及金黃色，有七種品種，每粒約3×6公分大小，最優等的是金黃色的棗子，為椰棗中之極品，肉質脆甜而水份多，此品種唯有埃及才有，但全讓沙烏地阿拉伯的皇家貴族包下，出產國的市場上反而很難見到。

　　每當椰棗果實成熟，採收的埃及人腰上纏著一條麻繩，背上用棗樹葉編織成的簍子，赤手空拳二、三分鐘，就可爬上高達三、四層樓的樹頂，只見他用利刃將成熟椰棗一串串割下，放到簍中小心翼翼地降到地面，椰棗是經不起摔的，一摔就報銷了。

　　剛採下的新鮮椰棗，清甜爽口水份多，但甜中帶點苦澀，要去除澀味很簡單，只要成串掛在牆上，三至五天即消除苦澀味，而且越放越甜，每次吃上四、五個即感到飽意。據當地人告知，男人一次吃五顆，能增加體力及性慾力，故係阿拉伯男人最佳的天然補品。當地人吃椰棗，喜歡沾蜂蜜或芝麻混合的醬料，吃起來別有另一番口味，但要小心食用椰棗必須適量，多了會上火流鼻血。

　　埃及人除食用新鮮椰棗外，也把椰棗釀成椰棗酒，此外把椰棗曬乾或加工成為蜜棗，也有商家把核仁取出塞入

核桃，則又有另一種口感及滋味。

棗樹除了果實可食用外，其幼嫩樹芽也可食，類似台灣通稱半天筍的模樣，不過他們是拿來作生食。每年五月份就見小販用手推車放置幾棵樹心，可別問那一枝賣多少，價錢可高著呢，一棵要價好幾百埃鎊，因此當地人都是零售；一埃鎊只有切成薄片的十來片，約半公斤吧，椰棗心肉嫩清甜，據說還能去火。

椰棗樹的葉、梗、樹幹連根部全都有剩餘價值，樹葉曬乾做成掃把、扇子，或編織成各類容器，其成品就有二十幾種式樣，經染色的大小容器，輕便美觀又實用。

椰棗樹的葉梗曬乾，編造成實用傢俱，從床、櫃、櫥、坐椅、茶几等樣樣俱全，整套用樹梗加工編織的沙發坐椅連茶几，可賣到台幣五千元左右，剩下那些不良的樹梗，則當成圍籬用料。

粗大的椰樹幹，埃及人把它當成屋頂的建材，把它一枝枝橫跨放在牆上，鋪上幾層棗樹葉，塗上厚厚混合牲畜糞便的泥漿，可住人的房子即告完成。

棗樹根可作為燃料，燒飯、煮菜、做餅全靠它，燃燒過剩下的灰也沒浪費，那可是現成的肥料。

埃及的椰棗樹，從果實、樹葉、樹梗、樹幹到樹根，每一部分都有實用價值，從維持生命到日常用品，均可從椰棗樹獲取，阿拉伯人常說的：感謝阿拉，賜給我們生命之樹。即可全然了解。

在電視上曾看到報導，有人將椰棗樹引進台灣，並在中南部栽植成功，可惜無緣目睹乃為一大憾事。🕮

吞雲吐霧

臥虎藏龍之地，生意來往，情報的交換

在埃及城市或偏僻的村鎮、部落，不管是白天或深夜，見到最多的就數茶館。

茶館內沒任何裝潢，裡裡外外十幾張小木桌，擺上椅子，就是一間茶館，別小看這不起眼的茶館，每天幾乎都是高朋滿座，尤其在電視播報足球大賽或特殊事件，絕對是座無虛席。老、中、青的埃及人，擠滿了這專屬男人之地，來杯－夏以【茶】，聊天的聊天，下棋的下棋，也可以閉目養神一番。

如果再來上一管阿拉伯傳統的－西霞【水煙】，就可耗上大半天。在這專屬男性休閒的茶館，除非是女性觀光客，否則是見不到女性在座的。

埃及本身並不產茶，全賴他國進口，分別來自英國、印度、錫蘭等地，茶葉分上、中、下等級。烘焙後的茶葉磨成顆粒，用滾熱的開水沖泡，再加上糖即為一杯呈暗紅色的阿拉伯茶。老實說，那杯茶雖沒一點茶渣，顏色也夠鮮豔，但沒有一點茶香味，也喝不出茶的特有味道，就像用劣等紅茶包加糖而成。

在埃及無論是訪友、洽公或到熟悉的商店，包準會為你奉上一杯約100CC的茶，儘管那杯茶再難喝，訪客得把它給喝光，否則是不尊重主人。問題是手上的喝完，茶杯才放回桌上，主人會再沖上一杯，筆者盛情難卻，就曾在

半小時之內，正事還未提已喝下五杯，後來乾脆就把茶杯握在手上，才避免滿肚子糖水之災。

幾次經驗後，才知道在主人上茶後，別一口氣喝完，只要留下小半杯，告辭前再一乾而盡，則賓主皆大歡喜。當地人哪怕是貧窮人家，餐後那杯茶也絕少不了，甚至路過茶館，也情不自禁停下腳步，喝杯茶再上路。

有一次與友人搭乘野雞車，那張臉像壓扁胡桃似的司機，路過茶館就停下車走了進去，本以為他去－含鰻【噓噓】，哪知一去就是半小時，等到他老兄回來，友人不悅地講了兩句，只見他兩眼一瞪：「喝茶去了，不行嗎？」那幾年在中東國家觀察，認為阿拉伯人是「一日不可無茶」。

埃及除了傳統紅茶外，茶類中最高級的就屬以桂皮磨成粉的茶，以及一種帶有樟腦味的茶。雖說在他們公認是最高級茶，但我這位異國人卻難以下嚥，兩種茶都品嚐過一次後，再也不敢領教。

此外，埃及的咖啡特別濃，把咖啡豆磨成顆粒後，放置杯內沖上熱水加上糖即成，一杯咖啡少說有半杯是咖啡渣；雖名為咖啡卻沒一點咖啡香，即使加上大量的糖還是極苦，喝咖啡時要一點點品嚐，如果來上一大口，包準滿口都是咖啡渣。

與茶同等重要的，是阿拉伯的－西霞【水煙】。水煙的煙具很講究，底座是用彩色玻璃或銅、銀、錫，甚至用K金打造的盛水器，煙具不管使用任何材質都雕刻花紋。

在煙具頂端容杯塞入膠狀的菸草，抽這種水煙前，先

將底座盛水器加水，把一小撮菸膠放進容器，放上燃燒中的木炭。

阿拉伯人手握軟管吸上幾口，菸膠經過木炭燃燒，白茫茫似的煙霧貯存在容器有限的空間內，就可吞雲吐霧一番。只見他輕輕一吸，白煙經水過濾吸入嘴中，若沒有阿拉伯人那份能耐與功力，可別輕易嘗試。如果好奇來上一管，怕是白費力氣，吸了半天只聽到水聲咕嚕、咕嚕的響，煙一點也吸不到，如果逞強用力吸，包準又濃、又辛、又辣、又嗆的濃煙直衝肺部，就能讓你嗆得眼淚直流，還喘不過氣咳上老半天。但老實說，水煙雖然很辛辣，卻帶有一絲甜香，那種特殊的感覺還真不錯。

在茶館－哈盧盧【大麻】，熟客可買得到，只要把大麻放在菸膠上，即可大呼特呼，警察也不會去管，茶館也就成了半公開吸大麻之地。

別瞧不起那小小茶館，它可是臥虎藏龍之地，無論是生意往來，情報交換，甚至毒品販售，多半都是在這種茶館內交易，更別小看那杯－夏以及那管－西霞，許多國家大事可能就在這兩樣玩意中決定了。

神奇咖特

它可騰雲駕霧、飄飄欲仙，那力道還真帶勁

看到這個咖特的標題，一定很好奇這又是啥玩意，其實咖特只是一種樹葉，可別小看它小小一片樹葉，葉片中卻含有麻醉性物質，嚼食咖特可以提神醒腦，消除疲勞，精神振奮，增強體力，嚼食咖特可以騰雲駕霧、飄飄欲仙，那力道可夠強夠勁，是好處多多的興奮劑。

咖特（QAT）有分品種及產地，其中最受歡迎的是來自衣索比亞。咖特其實是一種阿拉伯的茶類，但列為茶類卻不用來製茶，而是將生鮮的嫩葉放入在嘴中咀嚼，由於葉片含有麻醉性成份，比其他類似品還便宜，又方便取食，而深受阿拉伯人喜愛。

說穿了咖特就是帶有麻醉性的興奮劑植物，跟那大麻沒啥兩樣，在很多阿拉伯國家，已把它列入毒品，並管制禁售。過去埃及還可以公開販售，後來才被當局明令禁止，然禁歸你禁，喜愛這東西的各階層人士照樣買得到。

內行人到市集憑感覺，就知道誰在賣咖特，買賣前先詢問咖特的等級、價碼，協議好了，到停放在暗處的車內看貨。買賣這玩意是不論斤兩，像賣菜似一束束連梗葉出售，咖特成堆放在車內，內行人先看葉子的透光度，看葉片的厚度、新鮮及嫩度，再惦惦重量，合意就一手交錢一手交貨，絕不囉唆。

拿到東西後，先用濕布把它包好，以防止水份蒸發，

再放入透氣的容器，讓樹葉能接觸到空氣而保持養份，維持它的新鮮度。

第一次接觸到咖特，還以為埃及人也有嚼食檳榔似的嗜好，好奇地摘了一片放進嘴，一入口就喀吱、喀吱的咬，這咖特還真夠苦，這輩子還沒碰過像這麼苦的玩意，真的能吃嗎？

眾目睽睽之下又不好意思吐掉，就一直含在嘴裡，大約過了兩分鐘，一股熱氣直奔腦門，就像吃到檳榔的倒吊子一樣，全身滾燙，熱氣衝擊，頓時腦袋上直冒汗，心臟打鼓似咚、咚的跳動，全身感到極端熱燥，還頭暈目眩，至此不敢再逞強，匆匆將它給吐掉。

只見幾雙銅鈴大眼直瞪著我，好像在說：好東西被你這不識貨的給糟蹋了。

其實咀嚼咖特有它的竅門，先把它整片含在嘴裡，讓它的葉汁慢慢滲出，等到嘴巴感覺有點苦味，喝上一點點甜的飲料，待口腔內有麻木的感覺才開始細嚼；此時口中冒出的唾液特別多，而嚼咖特的埃及人則一口口綠色唾液到處吐，這時就能感受到那種騰雲駕霧、飄飄欲仙的感覺了。

大概此時看什麼都會順眼，平常聽來最刺耳驢叫聲，也會變得像天使般美妙的歌聲，那醜得要死的驢臉也像－傻低估【好朋友】衝著你微笑。

埃及人把咖特列入生活的重要一環，男男女女都嚼這玩意，上了年紀沒牙的長者，就把咖特搗碎再吃。阿拉伯人家辦喜事，這味咖特是絕對少不了，類似台灣某些地方

婚嫁喜慶少不了檳榔一樣。

　　有了這玩意可以忘掉苦悶、煩惱，做起事也勤快很多，甚至貨車行的老闆就用咖特控制長途駕駛的司機，目的要讓他開快車趕時間。在齋戒月期間，埃及人更喜歡嚼食這咖特，說是可以控制食慾而保持體力。

　　至於我從嘗試過熱氣衝擊、腦袋冒汗、心跳加快那一回後，再也不敢去碰那咖特了。🕭

口齒留香

第一次出遊能到這種關係嗎？為了不讓場面

埃及本土的水果還真沒幾樣，大多數依賴進口，雖然其中有幾項種植成功，但結的果實與原品種相差太多，看似一副營養不良的樣子，故遑論去買來品嚐。

埃及除了－巴拉哈【椰棗】外，其柳丁、葡萄、臍橙、芒果及無花果還真的不賴，也只有這幾樣能拿得出檯面。

當地人稱－卜土安【柳丁】，市場上除了國外進口的品種，羅西塔則有培植成功屬柳丁類的臍橙，個頭比柳丁大，皮厚呈深橘紅色，水份特多，甜度超高且無子。臍橙很容易分辨，底部有臍的特徵，故稱之為臍橙，其香味、水份及甜度都具有高評價之水準。

一籃以椰樹桿編織的容器，裝有十公斤以上的臍橙，售價才十埃鎊，物美價廉，剝皮而食之或榨汁，都甜度十足，絕對讓你感到物超所值。遺憾一年一次採收臍橙的產量有限，果園裡早已被訂購一空，在開羅市場上還很難見到，只有在產地道路邊有小販擺攤販售。

埃及也產葡萄，分無子及有子兩種，均呈淡綠色，大顆粒葡萄有子，小如扣子的葡萄則無子，埃及葡萄含糖量很高，紫色的巨峰葡萄在此成為稀有罕見品。

漫軋【芒果】，在埃及大有知名度，芒果香甜而肉厚，把它榨成濃、香、甜的芒果原汁才需花費一埃鎊，一

杯就包準讓你直呼過癮。

　　無花果顧名思義，是不開花而結的果實，最奇特的是由樹桿長出似蓮霧般的果實，但形狀只是扁扁的沒有蓮霧那麼長。無花果在埃及的產量很多，屬於平價水果，不過無花果無法長時間放置，很快熟透及腐壞，由小販堆置路邊販售，一埃鎊就有一堆。

　　剛採下的無花果外皮呈淺綠色，果肉呈淡紅及白色，顏色很鮮豔，有很多芝麻般顆粒，清甜並無特殊香味，無花果含有高量的鈣、磷及果膠。

　　還記得在「阿里巴把事件」那對情侶吧！就蒙那位傻低估介紹而認識他表姊，表姊沒包頭巾應非伊斯蘭教徒，

光看那容貌就令人心動，明眸皓齒，皮膚白中透紅，身材適中。憑心而論，對她頗有好感，為了進一步培養感情，試探性邀請她及其家人一同郊遊，沒想到她竟爽快應約。

一車五人由我駕駛，載著一家人往目標出發，途經一條公路，路邊全是販售無花果的小販，坐在我身旁的她，表示想買些無花果。

下車只見一堆堆無花果，全都熟透變成紫紅色，個個爆開還流著果汁，表皮上還沾著一層灰塵，尤其是果實上還爬滿蒼蠅，光見就倒胃口了，心想這無花果還能吃嗎？但表姊開口說要，總不能拒絕吧！回頭被說成小氣、吝嗇，這可前功盡棄，一切就告吹了，丟下一埃鎊，抱回一大堆軟趴趴的無花果。

這位打扮時髦穿著乾乾淨淨、相當有氣質的表姊，迫不及待伸手拿起一個無花果，把那流出果汁還混合著灰塵，用白嫩嫩的纖手輕輕掰成兩半、自己先咬了一口，直點頭表示很甜，接著把那咬剩的小半塊，就往我嘴裡塞，我這兩手還抱著那堆無花果，躲又無法躲，閃又不能閃，加上還有那六隻眼睛瞪著看，此時此刻你能拒絕嗎？那也

太不給她面子了，這到嘴的……果肉吐又不能吐，只好牙
關一咬，硬把那塊玩意給嚥了下去。

　　吃這東西至少應清洗一下，再不也該用紙擦擦乾淨，
就算沒水沒紙，最起碼也得拍去灰塵；沒洗沒拍，連吹一
吹果皮上的灰都沒有，況且還沾著她口紅印子的那一塊，
第一次出遊耶！能到這種親密程度嗎？一肚子窩囊，吞
下帶有異味的果肉，熬過漫長的一天，她還直問下回要到
哪，這可能嗎？沒了！只怕下回不知又會塞啥玩意到我嘴
裡，我可沒那福份，可想而知這段艷遇，也就因這一口無
花果而終止。

　　老實說：那果肉滋味還真不賴，清清甜甜，何況還帶
有一股特殊的……味。

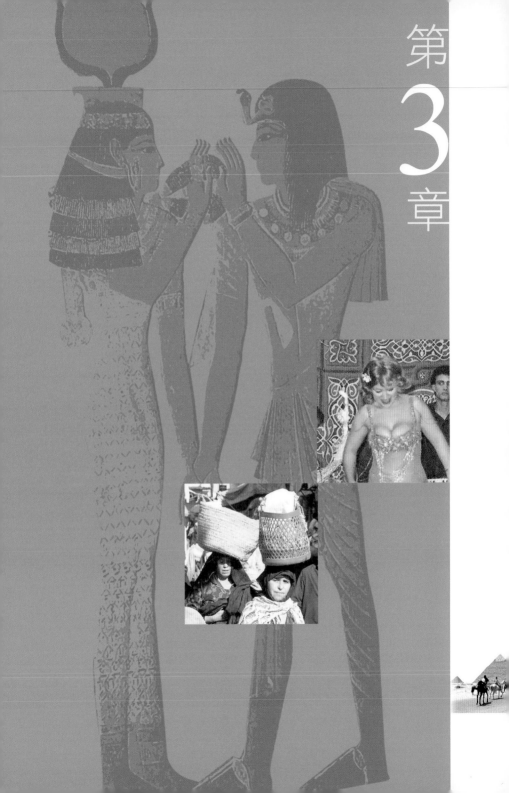

第 3 章

我是老外

摸摸看你這腦袋上，長的直髮是真是假

童年曾與玩伴跟在外國人的後面，哈囉、哈囉叫個不停，料想不到年過半百，居然在異國也過足我是老外的癮。

在埃及除了開羅及觀光景點，其他城鎮很少見到－浠泥【中國】人，尤其在偏僻村落，更沒見過黃皮膚、黑頭髮、黑眼珠的東方人。因此當我們這夥老外初次現身在羅西塔、阿布沙把、巴碇幾個偏遠小城鎮，必然引起一陣騷動，都視你為稀有動物，到哪身後都跟著七、八個孩童，一聲聲哈囉、哈囉，不停跟你打招呼。

在鎮上商店購買物品，店門外會圍上一群好奇的民眾，嘴裡嘰哩咕嚕評頭論足的，再用那東拼西湊的英文單字，跟你哈拉老半天。

為了展現大國之風，做點國民外交，都盡量迎合他們的好奇心，埃及人喜歡與外國人－啥爛【握手】。握手也罷，這是國際禮儀嘛，摸摸你身上的衣料也無所謂，滿足他們的好奇心嘛！但最怕的是那隻髒的右手，直奔頭頂蓋而來，一副要摸摸看你這腦袋上，長的直髮是真是假。

小店只要光顧過幾次，店主就把你當作傻低估，握手是最起碼的歡迎方式，熱情的還會與你來個擁抱貼面禮。

埃及人見面那股熱情勁，有時還真讓人消受不了，老友見面除了發出一串問候：你好吧、你近來可好、你怎麼

樣、你身體怎樣等等外，連他家人一個也不漏，絕對會重複用一樣詞語來問候。可想兩個久未見面的埃及人，再加上彼此家人眾多，僅這問候就得耗上老半天。

其實與埃及人交往之間，要注意他們既有傳統的習俗，但又因受到西方人的薰陶，因而混合二者之禮儀。握手即是他們最基本的西方禮儀，但阿拉伯人認為左不潔，握手時必須以右手為之，千萬別伸出你的左手，是極為不禮貌之舉，甚至被視為是有污辱性的動作，因此即使右手再髒或拿有東西，也不可使用左手去取代。

妥當的方式是伸出右手背，讓對方抓住手背即可代表；在中東阿拉伯國家，除忌諱用左手握手外，此外用餐、傳遞物品都必須用右手，錯用左手都視為極不禮貌。

異性之間通常也行握手禮，但得看交情夠不夠，女方不主動男方不可先伸出那隻爪子，這也算是失態之舉。任何場合男性必須離開座位，站起來與她握手表示禮貌，女性則可坐在原位行之。

中東式的擁抱貼面禮，則行於老友或親友之間，見面後先以右手搭住對方的左肩，左手輕輕摟抱對方的腰部，用臉部先左後右各貼一次或多次都可。女性之間則出於禮貌及表示親熱，都行溫柔的貼面禮，一般是左右各數次。

貼面及吻臉頰在異性之間，唯有父女、母子、兄妹及夫妻才能行之。嘴對嘴的－不傻【親吻】絕對禁止，夫妻在公共場所也不行，搞不好會被抓到警局，罰款事小，有污蔑榮譽事大。

中國人在埃及滿受到歡迎與尊重，只要跟他們混熟

開羅大飯店外庭

了，埃及人並不排斥東方人，甚至邀請到他家中還引以為榮。但未經邀請千萬別冒冒失失去拜訪，即使是同事關係也不行。異性友人家除非對方家長出面邀請，若未經邀請千萬不可貿然闖入。到埃及人家作客須小心，他們都以客廳為接待場所，內間不會讓外人進入。

　　到一個陌生的異國，禮儀是最基本的溝通方式，如能適時適地展示你熱情的禮儀，在異國必會大受歡迎。

土法鍊鋼

短短的一句話，絕對是密密麻麻，一票註解

初到埃及對阿拉伯語是一竅不通，在這語言不通的異國，靠的是比手劃腳，熬過了一段雞同鴨講的日子，才搞懂一些簡單的日常用語。

照說僅學習外國的語言並不難，只要懂得國語注音及英文拼音，再加上多學多問，用筆記簿記載練習應是易如反掌。但碰到我這種稀有動物，最高學歷僅是香港小學四年級，而香港的學校又不教注音符號，故對這些符號毫無概念。英文是在英屬地香港學的，更應該是沒問題難不倒我，但得是二十六個字母沒連在一起才行。

由於擔任的是外務，必須與外界聯繫，語言不能溝通是最大的障礙。情勢所逼，只好開始學似繞口令般的阿語，每聽一句話，見到一件物品，立刻用筆記簿記下來，單看那記事簿可熱鬧了。就以最簡單的數字1來說，阿語發音為－【挖哈】，香菸發音－【傻蓋】，只要直接寫上挖哈及傻蓋，即代表正確發音，但問題出在很多阿語，在國字中找不到這種發音的替代字，那可就傷透腦筋了。

窮則變，變則通，從小滿口的廣東話，此時就派上用場，寫還是國字，只在旁註明〔粵〕表示這字要用廣東話來發音。

阿拉伯語言還真是整人，有的發音絞盡了腦汁，硬是與前兩項發音方式扯不上，沒關係，再把有限的台語也搬

上檯面去，同樣在旁註明〔台〕表示用台語發音。

這還不夠用，樂譜上還有七個基本音，加上高低音也有二十來個，外帶上二十六個英文字母，這全是學阿語的發音字元，如碰到要捲舌的，在旁又得加註〔捲〕表示發音要捲舌。

就看那短短的一句話，後面絕對是密密麻麻，一票發音註解，有正統國語，有國字旁加註〔粵〕〔台〕〔音〕〔捲〕再加上ABCD，有的註在下方，有的寫在上方，四個角落都可能有註解，有時註解太多連自己都搞糊塗了。

看得到的還好問，想知道的又沒實物，這也不難，簡單嘛！把想像的東西用圖案畫出來，十之八九老埃都能看

圖識貨，把需要的給找出來或告訴正確發音，如此一來，那筆記簿又增加了一項圖畫項目。

當年就常在開羅小店或某個場所，一個年過半百的東方人一手拿著記事簿，指著某一件東西問－Ａ許馬Ａ【這是什麼】，這少得問及聽上好幾遍，然後才在簿子上畫上那些符號。可別小看這幾種土法鍊鋼的發音方式，讓我在學阿語那段時間全給套用上了，也學會了不少阿語，不管咬字還是發音，至少還能讓純老阿聽得懂。

自與阿里巴把事件中那對年輕情侶成為傻低估後，我的辦公室離他住處不遠，下班後就成為他家常客，從他及他的幾個姊妹處，又學會了不少日常應用語，不知不覺積少成多，一般對答還能朗朗上口，對答如流，好幾次還用阿語跟當地人爭論。

憑心而論，像我這等貨色學習異國語言真是難上加難，記憶力暴退外加上不懂基本音標，唯有用土法鍊鋼的方式，學會了一些公認是世界語言中較為難學的阿拉伯語。

老實說，所學會的只是一般會話，有時碰到一些不相干的名詞或深奧的詞句，當然還是一頭霧水，那時也只能回一句－安拉、馬拉夫、安特、波吐Ａ【我不知道你說什麼】。

雞同鴨講

胡扯亂掰，而讓你白白浪費時間在那繞圈

在埃及出遠門是最傷腦筋的，尤其從偏僻甲地赴乙地，道路旁雖設有路標，但都是看似蚯蚓的阿拉伯文書寫，對我這-浠泥來說，一點幫助都沒用。

因此每次出門都先詳細研究地圖，請埃及助理用紙條寫上阿拉伯文的詳細地名，以防找不到必須問路之用。事實上到另一個城鎮的路，往往與地圖大不相同，幾乎每次都必須問路，然而所問到的結果會有不同的答案，令人氣結外更讓人啼笑皆非。

老實說，平常感覺埃及人有點狡滑帶些奸詐，但對於老外問路那份熱心還真令人感動，但別感動得太早，這好戲還在後頭。

那份熱誠是沒話說，問題出在他們自尊心太強，明明不知道就是抹不下那張臉去找個同種人問，硬是充內行，面不改色煞有其事的-阿拉度【直走】、洗麵【右轉】、以密【左轉】。指點你半天，此時如果有第三者湊過來，他老兄還有點不高興，揮手叫人走開，深怕別人搶了他風頭似的。

向他-休格賴【謝謝】後，照那指點的路徑去找，繞了半天還是找不到目的地，只能停車再問，結果與前者所說相距甚遠，甚至連方向都不對，說不定還得回頭開上十幾公里，結果是他胡扯亂掰，讓你白白浪費時間繞圈子。

更絕的是，有回問到一位老兄，他看那地址馬上表示知道，而且說正好也要到那裡去，心想這回可碰到貴人了，趕忙請他上車帶路，在這位老兄指點下，過了三個小村落，少說有十來公里，他老兄說要下車，然後告訴我往回開，經過那第二個村落就是我要找的地方。嘿！把他先送到目的地，再讓我往回開幾公里的路，天下有這種帶路的嗎？

　　這狀況還又發生過一次，這回是個年輕小伙子，也很熱心帶路，這趟還真把我帶到目的地，再三向他謝謝後，這小子開口要五鎊，說是要坐車回去。這給是不給？人家可是熱心把你帶到目的地，雖路並不太遠，但大熱天你忍心讓人走路回去？認了吧！算是花錢買個教訓。

　　也許有人說，誰讓你去問路人，找個警察問不就得了。哈！找警察那更糟，埃及除了警官受過正規訓練也通一點英文，但這些唸過書的警官，都派往城市擔任要職。鄉鎮間的警察一般都是由替代役的鄉下佬擔任，除了是目不識丁的文盲外，外語更不用說完全不懂，這來自外地或更偏遠的鄉下人，問了也是白問還外加浪費時間，問他都是回你一句 - 安拉馬拉夫【我不知道】。

　　在台灣頭髮長了，找家理髮店花幾百元舒舒服服就打理得清清爽爽。可是在異國，可不是那碼子事，找不到掛著代表性的三色旋轉燈、或目標明顯的理髮店，而且理髮店大多都藏身於小街窄巷內，店外既沒招牌，有的店內甚至連面鏡子都無，如果不是擺設了專業用的老舊理髮椅，還真分辨不出是間理髮店。

　　在這理髮可不像國內那麼享受，手藝且不說有多差，可能是當地人頭髮係自然捲，處理上比較簡單，碰到東方人的直髮，店主兼師傅還真不知該如何下手？經過一番溝通，表示只要把過長的頭髮剪短。

　　但見那師傅用理髮剪，左比右比了半天，總算把過耳的頭髮剪短，拿把刷子清掉髮屑，取下那塊破圍布，一句－哈拉屍【完工】了。

　　至此才知埃及理髮店，只負責理髮沒洗頭的服務，要洗，回去自己洗，入境隨俗，不洗頭修個臉刮刮鬍子總可以吧。

用手勢表示要修臉刮鬍子，師傅用阿語問－枯魯【全部】，這還要問嗎？修臉刮鬍子哪有修一半的！當時就回了句－哎嘍哇【是或對】。

前奏倒滿像那麼回事，雖然用的是一般香皂，但至少還見到些泡沫，等到拿出那把刮鬍刀，才發現是老式家用雙面刮鬍刀。

實在不想見到那雙粗糙、指甲縫中還帶黑垢的手在眼前揮來揮去，眼不見為淨，閉上眼任其宰割，刮著刮著，直覺上感覺不對勁，目標好像是針對眉毛而來。剎那間還來不及阻止，只感到眉毛處一涼，睜眼一看留了數十年從未動過的長壽眉，可真是「刀去留痕」！可憐的長壽眉已被刮去了大半，只剩下尾端一小撮吊在那。

這救無法救，修又無法修，總不能一邊有一邊沒吧，那怎能見人！只有自認倒霉，一肚子火奪下師傅手上的刮鬍刀，把剩下的那一小撮及另一邊全刮掉了，要刮至少也得自己刮吧！

說真的還不能怪他，人家可先問過是不是－枯魯【全部】，怪只怪在自己那句－哎嘍哇【對】，人家可全照你意思做，沒偷一點工減一點料。有了那次慘痛經驗，往後即使到鎮內理髮絕不修臉，免得眉毛再次被刮。

後來在亞歷山大城購置了整套理髮工具，頭髮長了同事間就互理，初期雖理出如狗啃似的，但慢慢也累積了經驗，理出的頭還不差於專業理髮師，但都只限於光頭或平頭。∞

受寵若驚

出雙入對那股親熱勁，可真羨煞一票同仁

在埃及多年說沒異性朋友是假的，但由於身在回教異國，言行舉止都較為慎重，就怕惹禍上身，那可是吃不完兜著走。

依照埃及的勞工法，一個老外領到工作證，就必須聘用八位當地人，以保障自己國人的工作權。

於是乎辦事處可熱鬧了，除了本國人，信仰各宗教的男男女女的當地人，少說也有三十幾位，這還不包括有利害關係、掛名領乾薪的若干人。

除了司機、清潔婦、工友，其他均以職員進用，當時考量男性職員薪資較高，為節省成本，除工作需要者皆由男性擔任外，其餘一概聘僱女性。

月薪百來鎊的工作，除了官方介紹，自行應徵的人數更為驚人，且多為大學或專科畢業。在依其學歷及經歷、外語溝通能力等面談後，回教徒及基督教徒各取一半，眾多應徵者中才選一位，可想而知都以年輕貌美的女性為多。

打從這群充滿青春氣息的美嬌娘加入行列，辦公室就熱絡起來，首見是平常不太注重儀容的人，自動改掉了那些惡習，鬍子也刮得乾乾淨淨，頭髮打理得平平順順，平常討厭打領帶，領帶也都上了脖子，個個容光煥發，人人服裝整潔，言行舉止一副紳士派頭。

理所當然英語強、見識廣、再帶點幽默風趣的人可吃香了，常聽到一陣吱哩瓜拉，直逗得那些異國女性一陣歡笑。

像我這年過半百，打從娘胎落地，接生婆嫌紅包份量不夠，故意忘掉幫我捏捏鼻子，調整一下五官位置，才留下如今人見人厭的尊容。

老實說那副容貌連自己看了，都恨不得就近在金字塔旁挖個地洞與古夫同眠，至少還有個令人誤導的機會，可名列開羅博物館一份供人瞻仰的名單吧！

至於外語能力，那可不是用蓋的，英語再難再深，只要對方說得出口，我絕對是一字不漏照單全收，但是鴨子聽雷，只聞其聲而不解其意。

因此哪怕服裝再挺，領帶上下午換，皮鞋擦得啵亮，花白的頭髮染得烏黑，古龍水就差沒有用倒的，還是引不起那群小妞注目，除非有事必須找，要不那聲－眛屍特Lee，還真難從那些櫻桃紅唇裡吐出半句，更得不到眼眸多瞄一眼。

天生我材必有我用，拜長年胃疾之福，赴埃除了生活物品外，行囊中塞的全是張Ｘ周強胃散，藉此單項壓胃寶，居然在女同事中大吃其香。

其中一位瑪莉小姐患有胃疾，雖然此妹打從開始就沒把我放在眼裡停格過，但看她胃痛發作，趴在桌子那副可憐兮兮的樣子，深知胃痛時的感覺，況且本身也深受胃痛之苦，故惻隱之心而起。拿出強胃散給她服用，說實在那玩意還真靈，服下不久就止痛了，自此她就改變態度，三

天兩頭經常來找我⋯⋯要⋯強胃散。

　　憑心而論，瑪莉容貌雖不算挺美，但滿耐看，身材該有的全沒少，還頗有女人味，講起話來雖嗲聲嗲氣，但不失其穩重，尤其又是位基督徒，個性開朗頗有大家閨秀之風。

　　可能是我關心她，而又善解人意吧，居然打動了她的芳心，蒙她的父母邀請到她家作客，也獲得她家人歡迎與認可。

　　從此每逢郊遊活動，瑪莉必像小鳥依人般挽著我同行，每當她跑銀行領公款，我更是保鏢兼司機，加班晚歸更是她名正言順的護花使者，每次出雙入對那股親熱勁，還真羨煞同仁而成為話題。

　　老實說筆者雖然奇貌不揚，體能雖外強中乾，但骨架

還算硬朗，最大優點是忠厚老實、心地善良、為人正直，對女士更是體貼有加，再說又是單身貴族，除了容貌及年齡外，其他條件滿夠的。

　　窈窕淑女，君子好逑，說啥也輪不上我，而今這把年紀在異國，蒙小妞青睞又主動相隨，那份受寵若驚之感，實非三言兩語能一表。然在這天賜良機之下，與她卻始終保持距離，維持不變原則，止乎於禮而適可而止，此非我年長或龍體有難隱之疾，乃實是有口難言之痛。

　　除了年紀比她大二十多歲，自己有一點擔心，落得「老牛吃嫩草」之名，當然如真的投懷送抱，也就無所謂~啦！這事絕不能拒人於千里之外吧，況且這老少配又不止這一樁，多一對也算不了啥。

　　實不相瞞，問題出在這瑪莉，她早就設下圈套，釐清界線被列入死會一個，因打從開始就……就叫我…安扣，我這哪還有機會，哪還能有非份之想，不能越雷池半步，更遑論能有親密之舉了。◎

忙裡偷閑

標準的聯合國聚會場所,在這不分國籍

跟隨旅遊團到埃及觀光,一成不變就是那幾個重點遊覽:開羅吉薩金字塔、哈利利市集、開羅博物館、穆罕默德阿里清真寺;晚上先到吉薩人面獅身像前廣場看場聲光秀,再夜遊尼羅河欣賞肚皮舞,然後搭船或飛機直奔阿斯旺、路克索等名古蹟景點。

其實在埃及除了瞻仰古蹟外,有時間的話看看其他的,也滿不錯的。就以開羅來說,夜晚就有幾個值得前往的地點。

開羅地標開羅塔,位於尼羅河三角洲的嘉濟拉島,建於西元1957年,塔高185公尺,塔身以鏤空菱形圖案建構

尼羅河畔露天茶座

而成，頂部分別為電訊發射台、咖啡廳及餐廳三樓層，塔身除電梯設施外全為鏤空設計，係開羅最高的建築物，故又稱開羅地標。

開羅塔外觀特殊，頂層為電訊發射台，附加價值為收取門票，提供觀光客從瞭望台鳥瞰開羅。門票有三種：直接乘電梯至瞭望台為二十鎊；加飲料二十五鎊；餐廳用餐則七十五鎊。

過了開羅大橋往吉薩方向，在開羅大飯店後搭有幾座傳統式大帳篷，以傳統阿拉伯歌舞招攬觀光客，節目多元化且收費低廉，約在十鎊左右。除成為當地人流連忘返之地外，聞訊而來的老外也滿多的，但進到這種帳篷，要有忍受空氣汙穢及被跳蚤、蚊子騷擾的能耐。

喜歡熱鬧的，開羅有幾家〔敵死口〕舞廳，十二鎊基本消費，一首接一首震耳欲聾、快節拍的舞曲，絕對讓你跳到夠。開羅除了電影院外，便數〔敵死口〕舞廳生意最好，上門的百分之八十都是老外，標準的聯合國聚會場所。在這不分國籍、不分語言，共同的目的就是盡情歡樂，但這種地方至少得具備能擠、能推、能憋三個年輕帥氣的基本條件。

喜歡碰手氣賭兩把的，五星級飯店內有－卡西歐，這類場所埃及政府明令禁止當地人入內，擺明只賺老外美

金。進場先接受電子儀器檢查，籌碼從美金一元到千元有六種，酒類及飲料全部免費，反正羊毛出在羊身上，但小妞送上飲料總得給點小費吧，在這又不使用現金，故出手最少就是一美元的籌碼。

開羅的幾家五星級觀光飯店，常以某國 X 月為主題辦活動，供應該國的自助式佳餚餐點外，也以該國民俗歌舞及雜藝為號召，節目內容豐富，演出者無不使出混身解數，讓消費者有吃有喝外帶大飽眼福。

但多次觀察，埃及一般百姓窮歸窮，要到這種場合個人消費至少約二十五到三十五鎊之間，消費者仍是以當地人居多。入場者個個珠光寶氣盛裝赴宴，有的更攜家帶眷全體出動，居然還場場暴滿，此類主題活動必須預先訂位，臨時起意多被拒於門外。

在觀光飯店常有富有人家舉行豪華婚禮，僅看三十人以上，身穿古宮廷服裝，高舉火把或蠟燭，排成兩列迎接新人的陣仗，再加上整齊的樂隊，排場之大就令人大開眼界。

在埃及晚上苦悶無聊，可到觀光飯店附設的露天式庭院，來一杯咖啡或上一瓶啤酒，坐著欣賞路過的各國美女。

若想要寧靜就在尼羅河畔露天餐廳找個躺椅，一杯紅茶或一杯咖啡、外加一管水煙，放鬆心情欣賞尼羅河夜景，在那美不勝收的美景中，疏解工作上的壓力。

要不幾個人合租一艘風帆船，徜徉在尼羅河三角洲，沿岸欣賞現代化建築在河面上的倒影，尤其大樓五彩奪目的霓紅燈映在河面，更讓人淘醉在如詩如畫的美景中，忘卻一切世俗煩惱。∞

民俗醫療
上回打針沒買消毒棉，這回看牙齒難不成

古代埃及人很迷信符咒，他們認為符咒可以去邪，可以治病，去除任何罪惡，有助往生者升天，古代人只要有情緒不安、身體不適或病痛，都會去找祭師畫符唸咒，他們深信這種療法可以驅逐病魔。這種從古代遺傳下來的療法，至今仍然在民間流傳，尤其是鄉間家中小孩身體有不適、哭鬧或受到驚嚇，就去找有法術的祭師治療。

最普遍稱之為「布唬敕」的治療法，祭師用松香、壇香、肉桂、乳香、雞母珠等七種藥物及香料，磨碎放在香爐中燃燒，在孩童頭頂繞上幾圈，口中唸唸有詞，大意是：「走、走，黑暗中偷進來的妖怪，不可以碰他，更休想把他帶走，我已在他身上塗了布唬敕，它會燃燒你的手，走、走。」這種民俗療法，一些埃及成人至今還深信不疑，有小毛病就用此方式治療病痛，在他們觀念中「布唬敕」是可以燻走一切病痛，趕走身上的妖魔，人便得到平安。

在埃及的大城市及小鄉間，尤其在市集中常看到手上拎著用奶粉罐做成香爐的老年人，裡面燃燒著布唬敕，旋轉著手中的香爐，挨家挨戶唸著，見到兒童，就在孩童頭上用布唬敕繞上幾圈，家長都會主動給幾個零錢，一般做生意的店家、流動小販，出手還相當大方，他們深信布唬敕確實能帶來好運，避免一切災難。

其實古老療法在任何國家裡都還留存著，而且是歷史越悠久的，其方法還越多，尤其在東南亞。就連文化有五千年以上的中國，依然還保存著收驚等民間療法，至於有無真療效則見仁見智。

　　現代醫療在埃及已實施久遠，分私立貴族醫院、公立醫院或小診所。一般公立醫院其醫療設備及服務態度，理所當然比貴族醫院差太多，不過公立醫院就診全免費，但看診就像趕鴨子般，沒兩三分鐘就打發一個，並且公立醫院不提供任何藥物，需到醫院外自費購買。

　　醫生診斷後用處方箋寫下藥名、數量、服用量等，病患就憑著這張處方箋，到醫院外掛著倒三角型高腳杯▽、上繞著一條眼鏡蛇的招牌，付費配藥，需打針注射則另購針筒，找負責的診所注射。

布唬敕施法的長者

有一回因身體不適，就近到公設醫院就診，醫生看診後開了方子，除口服藥外也需要打針，找到配藥房購齊了藥物及針筒，在當地人帶領下找到在巷內的診所，那位男護理正口沫橫飛與人聊天，當我捲起袖子，他用針筒抽出藥液，轉身用手在我手臂上抹了兩下，接著針就插下去，動作之快連叫「卡」都來不及，他沒用消毒棉消毒還不打緊，那隻沒消毒又黑乎乎的爪子才令我噁心，這還不能怪他，誰讓你沒買消毒棉。嘿，這玩意也得自備！

　　牙痛不是病，痛起來要了命，有回牙痛難忍，就找到掛有一顆大牙齒招牌的牙醫診所，雖然設備是陳舊一點，燈光也暗暗的，但那張牙科專用椅，絕對是如假包換的真貨。當時就放心躺上椅子，告訴了牙醫牙痛的位置，張開了大嘴閉上眼睛。嘿！感覺有點不太對，一根手指直搗口腔，他竟直接用手指往嘴裡摸，有這樣牙醫看診的嗎？上回打針忘了買消毒棉是自己錯，這回看牙齒難不成還得自備那些專業道具。本來他表示有顆牙要拔，拔、拔，拔你的頭，匆匆丟下了看診費，這牙也不痛了，被嚇的！

　　常年在異國，身體難免會有些小毛病，老實說埃及有些醫院還真不錯，但大半設在大城市，供貴族或老外看病的私立醫院。由於語言不便，小毛病也懶得去診療了，至於其醫療方式如何就不得而知了，照說應該不會比鄉間差吧。಄

波霸露西

巨大的乳房用手一托，橫攔在及腰的欄杆上

「露西」是位清潔婦，卻是我在埃及期間，印象最深刻的阿拉伯婦人，想到此人，至今還忍不住會笑聲出來。

露西，大約三十歲左右，因與夫仳離而獨力撫養一個年約十歲的女兒，為了生計只有出來做事。露西大概與管區警察局長有親屬關係，由於局長出面關說，加上同情她家庭困境才錄用為清潔工，月薪一百餘鎊，以一個家庭開支，勉強夠養家活口。

露西身高約在一百七十五公分左右，體重少說超過一百五十公斤，是我認識的埃及女性中最魁偉，可說是個龐然大物且胖得驚人，但胖歸胖動作卻很靈敏，又力大無窮。

可惜的是露西生長在男人至上的回教國，如果是在男女平等的國家，甚至日本，若經調教必能成為女子摔角高手。露西的體態異於常人，除了臀部寬大及看不出腰圍，她的上半身更是驚人，我對女性的胸圍沒有概念，無法指出大約數字，只有以實物作比喻，少說比籃球還大上一號吧！說真的打老遠看，還真像兩個籃球吊在胸前晃動。

露西常在樓梯間與人聊天，每次見她先把兩個巨大的乳房用手一托，先橫攔在及腰的欄杆上，然後兩隻手臂交叉攔在自己的胸部上，頭再貼上手臂，活像趴在枕頭的模

樣,這還真說不清楚,自己去想那副景象吧!如親眼目睹絕對讓你爆笑。

露西剛上班不久,一屁股坐到寬大的單人沙發,要起身才知被夾住了,要好幾個人連拖帶拉才能把她給請出來,而這唯一的一次,可憐的沙發便經不起她的一坐一擠,兩邊的扶手全毀了,而提前退休,臀部之大由此可知。

搭電梯保證沒人跟她搶,只要她往可容納四人的電梯門外一站,別人想插隊都沒門,她一進了電梯,有限的空間就被塞滿了,別人只能等下一班,絕對不會有人跟她同乘,除非想一親那混身肥肉,但誰敢呀!

說起她的力道可驚人,五十或一百公斤袋裝的麵粉或米,輕輕鬆鬆扛起就走,有她一人絕對搞定。

最勁爆的是,有回司機在倒車時,轎車後輪滑落到路邊小水溝,卡在那動彈不得,四位埃及司機推、拖、拉、抬,費盡力氣,車就是紋風不動。也不知是誰想起露西,

把她給請了下來，只見她一人背對著車，兩手反托車尾，毫不費勁，車就已抬到路面，這一招讓旁觀者看的是目瞪口呆。

冬天轎車早上很難發動，就得用人推，要推少說得兩個大男人才推得動，但只要露西在，她一人就能搞定，連我這屬甲等的身體都自嘆不如。

初期露西在廚房工作，主要是幫忙洗洗菜、撿撿米中摻雜的小石子，可能是體型胖，相對的手掌大，手指更是肉乎乎的，讓她撿那小石子，還真是大材小用，想單挑那一粒碎石根本沒門，一粒小石少說得附帶十來粒米。

由台灣來的廚師中等身材，多次在廚房被露西不經意的輕輕一碰，就站不穩連退幾步，往後這位大師傅，對她似乎產生了恐懼症，不管在哪只要有露西在，他老兄一定離她遠遠的，深怕近了會被這龐然大物給擠扁似的，故只要她先進廚房，廚師絕不敢再進去。

有回師傅菜炒到一半，臨時到隔壁間拿佐料，回頭一看露西進了廚房，就站在門外直嚷嚷叫她出來，雞同鴨講加上比手劃腳，傻乎乎的露西還未搞懂發生什麼事？紋風不動地仍然站在裡面，等到二樓同事聞聲跑到三樓，才把她給請了出來，代價是午餐少了一道菜，因那道菜已燒焦了。

大師傅再無法忍受，始終是一山不能容二虎，寧願一個人幹，要不，自費返台，絕不接受這位龐然大物。

為了息事寧人，只有調整露西的工作，她還不答應，因為每天剩飯剩菜是她專屬之物，換工作那不全沒了，最

後條件是剩飯剩菜還是歸她，才答應調整為洗衣工。

　　不知是眼力不好還是有毛病，幾次看她收取衣物，不管是啥玩意都要拿起來聞一下，就連那髒內褲、臭襪子也不例外，大概是分不清已洗、還是未洗的吧，但有這樣分辨的嗎？

　　胖子愛睡覺，當然露西也不例外，只要做無聊刻板的工作，包準沒兩三分鐘就可聽到那，如雷貫耳的打呼聲，鼾聲之大足可影響到樓下上班的同仁，還得跑上去把她搖醒，才能恢復正常工作，以「聲不驚人鼾不休」來表達最為貼切，夠勁爆吧！

　　露西除了力大如牛外，還真找不出啥長處，但喜感十足沒啥脾氣倒滿受人歡迎，這位寶裡寶氣的露西，大概工作將近兩年吧，有天突然自動請辭。嘿！居然是有位法國佬，不知相中了她哪一點，迎娶到法國去當如意夫人了。&

肚皮舞孃

擺出各種姿勢及動作，專挑逗男性觀眾

肚皮舞的起源，最早可追溯到八世紀末葉，當時在中東的「巴格達」宮廷中，網羅著來自羅馬、波斯及土耳其的漂亮女奴，她們必須學習舞蹈、歌唱等技藝，以供王公貴族們享樂，當時那種夜樹銀花、弦歌不輟的豪華景觀，現在也只有在天方夜譚般的電影中，才可體會到那種場景。

自從阿拉伯帝國淪亡後，肚皮舞也就慢慢的沒落，以致幾乎成絕跡。然而世事滄桑，變化莫測，原本已被人們淡忘的肚皮舞，在一千年後卻在埃及死灰復燃，原本僅供王公貴族取悅的舞蹈，現在卻成為埃及政府招攬觀光客的主要項目。

也許有人會問，埃及以回教治國，以回教保守的教義，為何還允許女性穿著如比基尼般的裸露，而在公共場所搔首弄姿？事實上，肚皮舞遠比伊斯蘭教還久遠，早就列為本土性傳統舞藝，不管國宴或民間喜慶都可見到肚皮舞演出，尤其在結婚典禮上，肚皮舞更是不可缺的重頭戲，嚴厲的教規既然無法阻擋，唯有任其延續。

現代化的肚皮舞，在內容上已改變了很多，在公共場所演出的舞者，服飾上規定不得裸露肚臍，要用薄紗或網狀圍兜加以遮掩，而且不能有粗俗不堪入目的動作，另進一步還融入一些藝術性的舞姿。

而在開羅吉薩金字塔附近，有數家以帳篷搭成的小型表演場，可觀賞到較原始的肚皮舞，完全以色情及猥褻的動作來招攬顧客。不過到這種地方觀賞原始的舞蹈，得有忍受汙穢的空氣，及被跳蚤咬、蚊子叮的那種疼癢的能耐。

　　為了招攬觀光客，埃及政府除了靠名勝古蹟，每年賺取多達四十億的美元外匯外，尼羅河三角洲上的觀光遊輪亦為其重要的收入之一。

　　其中最著名的是豪華郵輪－「法老號」，每晚固定行駛三班，每班遊河二小時，每人消費額二十五鎊，含自助餐及觀賞節目。遊輪共分三層，除了頂層為露天吧檯，供遊客觀賞尼羅河夜景，其餘兩層均為自助餐廳及秀場，每層至少可容納二百人。法老號最大特色是裝飾金碧輝煌，從外觀到內部，所見全是古埃及的圖騰、人物及畫像，全用浮雕加上描金繪製，把古埃及古色古香的特色全部呈現出來，讓人有如身處古埃及的那份感覺。

　　富麗堂皇的法老號船駛離碼頭，為黑漆漆的開羅展開歌舞昇平之夜，船上除了現代化自助餐，遊輪上的重頭戲，就是觀賞肚皮舞。舞孃出場就引起一陣騷動，只見那波霸，幾片點綴亮片，掩住那不准露的三點，隨著撼人的樂聲，舉手投足全身扭動，全都是色相誘人的姿勢，實在看不出有什麼特別的地方。

　　只見一群凡夫俗子，手上的Ｖ8、相機圍著有限的舞台猛拍，至於擋到後面看不到，那是你家的事。

　　以凡俗的眼光來看，舞孃們光著雙臂，胸前穿著僅遮

　　住胸部的胸罩，其他都赤裸到肚臍以下，只在低到不能再低的位置，用一條透明薄紗遮住那條小得不能再小，經過美化極緻的小小三角褲，難怪出場能引起一陣騷動。

　　隨著傳統樂聲、鼓聲，舞者臀部前後、左右畫圈圈的扭擺，腹部隨著鼓聲節拍，一吸一吐成波浪似像蛇一樣扭動，加上那雙含情脈脈的晶瑩眼睛，不斷以手勢及動作來挑逗男性觀光客，甚至投入好色者的懷中，如果說不是以色相誘人才怪。被她看中投懷送抱的，倒楣是那花花綠綠的銀子，眾目睽睽之下能不賞個幾張，說得過去嗎？

　　肚皮舞孃的收入很高，除了基本薪資外，最大的收入

全來自色不迷人人自迷的觀光客，每當舞孃滿身汗水回到後台，抽出身上能塞就塞的大額小額的外幣，擦乾汗水又準備下一場表演，一晚上就能連上好幾場，有些紅牌舞孃就靠表演，賺進大把鈔票成為富婆。

　　肚皮舞者年齡從七、八歲到四十來歲都有，小女孩動作雖沒成年人熟練，但那天真純潔的表情，也能引起觀眾共鳴；年輕少女無論身材與舞姿，可看出年輕氣息及美感，舞姿也帶些藝術氣質；上了年紀的舞孃，其肚皮上多了幾圈油脂，但作風大膽及開放，可說全靠色相來獲取小費，但數她們收入最多。

　　由於收入高，一些貧困的家庭把幼小女兒，送到過氣的舞孃學習舞技，除了能改善家中環境，也把這古代技藝代代傳承。

　　肚皮舞並非專屬女性舞者，通常在一些喜慶場面，一些穿著西裝革履的男士，也神情貫注的在那跳著，動作及柔軟度並不輸於那職業性舞孃。

　　這原屬埃及觀光賣點的本土性肚皮舞，近年已受到外來舞者的威脅，一些外來的舞者駐進了酒店、夜總會，與本土舞孃搶奪這塊大餅。這些來自俄羅斯、法國、阿根廷等國舞者，導致很多本土舞孃失去專屬的舞台，而退至幕後，將具賣點的肚皮舞拱手讓給了外來舞者，由於歐美舞孃年輕貌美又作風大膽，更使肚皮舞越演越盛。

　　有人說到了埃及沒登上金字塔、沒觀賞到肚皮舞，那等於白跑了埃及一趟，故旅行團都把肚皮舞列入主要項目。老實說，肚皮舞觀賞過一次就夠了，翻來覆去就是

那幾種動作，實在看不出有啥藝術性及美感，看多了不但
感到乏味，甚至作嘔。光想到那一身肥油全身濕答答的景
象，加上用香水也隱蓋不了的異味，如還有胃口那還真服
了您。

　　偏我就是那法老號的常客，連船長都把我當作專送銀
子的傻低估，每次上船就要來個阿拉伯式熱情擁抱。唉！
還真印證了「人在江湖，身不由己」這句老詞，要陪掛名
考察政要大員嘛。

　　其實搭乘法老號夜遊尼羅河，到最上層觀賞尼羅河夜
景，那才是真正的享受。河面吹來陣陣清涼習風，幾艘彩
色炫麗畫舫遊蕩在尼羅河上，耳中傳來輕柔悅耳的樂音，

兩岸五彩奪目的霓虹燈倒映在水中，那美不勝收的景色才真讓人流連忘返，把世事煩惱全棄於身外，而獲得心曠神怡的安寧。৯১

第4章

埃及早從第一王朝開始，沿著尼羅河及支流，就開闢了很多縱橫交錯的引水渠道，把河水引導到缺水的偏遠地區，甚至深入到沙漠地帶，使一些原本乾旱無用的荒地、沙漠成為良田。當時這些引水渠道最大功能，除了提供灌溉農作物用水外，更是小型船隻對外交通運輸農作物的主要通道。

有水有田就有耕農居住，在這些偏遠的支流或渠道兩畔，也就逐漸形成小村落，多者十來戶，少者兩三戶，甚至單戶。由於這些地點過於偏僻，也就形成了三不管地帶，截至現代政府仍無力照顧，就連基本的水、電都無法供應，更別談其他公共設施了。

這些地方的居住者都以農耕為主，收入有限且非常貧困，住的是小小一間不到十坪，用椰棗樹或泥土搭蓋的小屋。賴以為生的騾、馬、牛、羊、雞等家畜，與人就擠在小小的空間，髒亂帶上惡臭，非親眼目睹絕不會相信在這種惡劣的環境下還能居住。

埃及為雖為眾神之國，但百姓百分之九十信奉伊斯蘭教，其餘則為基督教、天主教、猶太教，這些他們視為異教徒的，多半在城市、鄉鎮。而沿尼羅河支流的居民，清一色為伊斯蘭教，由於教義，回教民族的民情較為保守、閉塞，不容易接受新的觀念，尤其在男女性別上最為顯

著,始終保存著重男輕女的觀念。

　　在鄉間幾乎都是多產之家,一戶的子女在七、八人以上者皆不足為奇,政府雖大力提倡節育,但不知是資訊傳達不到,還是他們墨守陳規,這些地方始終沒有節育的觀念,只要能生就盡可能生,子女眾多而耕地有限,生活之貧苦可想而知。一間泥土搭建的小屋,裡面含老小就能擠上十幾人,生活起居全在這矮小狹窄的屋裡,甚至日常飲用水要到以里計算的路程,用公設的壓桿式抽水泵浦取水,以拾取木柴或煤油爐來炊食,夜間則使用煤油燈來照明。

根據埃及人口調查統計，女多於男，比率為四比一，以男性為主的阿拉伯人，重男輕女的觀念很重，因此小生命打從娘胎落地，只要是－便特【女孩】就已註定不公平的一生。

家庭貧窮，嬰兒裹的是破布、穿的是舊衣，然而在這段嬰兒時期，卻是她這一生中最幸福的日子，可以安安穩穩躺在母親懷抱，得到母親的關愛。女孩到了三歲左右，就必須跟隨母親或姊姊們學習如何用頭頂物品、打掃等輕便家務，逐漸到如何料理三餐、牧放家畜，在鄉間道路上常看到，一些僅三、四歲的小女孩，頭頂著水桶、果菜，赤腳走在凹凸不平泥濘不堪的小道，遠赴以公里計算的抽水泵去取水。

《舊約聖經》中記載，上帝賜給埃及人充沛的水量，但尼羅河之水卻不可使用。除主要含大量阿米巴細菌外，其他各類細菌更不計其數，自古河水都必須經處理才能使用。目前在設有自來水處理廠的城市，河水經多重消毒、沉澱、過濾等處理程序後，供應至家庭中的自來水可未經煮沸即可生飲，而偏僻鄉間可沒這福份，沒有自來水設施，就得到村莊裝設的抽水泵浦抽取地下水。∞

女童除了取水或販售蔬果，也常看到幼年女童，蹲在尼羅河支流或渠道邊清洗碗、盤、衣物等。讓我們看來好像不太可能，因這年齡應是整天緊纏著母親，依賴在母親身邊撒嬌的時候。

在城鎮趕集市場上，曾見到一位約五、六歲小女孩獨自坐在一堆花椰菜上叫賣，收錢、找零就她一人，直到收市才見父母來接。而在一般國道公路旁，每天都會見到一些女童頂著酷熱的太陽，赤腳走在火燙的柏油路上，在販賣蔬菜、瓜果、雞、鴨、魚、蝦等。埃及女孩的童年隨著年齡增加，相對的工作量也增加，有的還必須到外地當童工，賺取微薄的工資補貼家用。在尼羅河兩畔很多製造泥磚的工廠，就專雇用這些廉價童工，只見幾個七、八歲的赤腳女童，在烈日曝曬下賣力搬運那剛脫模的泥磚，一天辛勞換取到的才一鎊。更曾親眼目睹一些地毯工廠，甚至在清真寺裡閣樓間的小型加工廠，名為照顧貧寒家庭，雇用的也是這些七、八歲的女童。但雖所謂地毯工廠，卻沒有工廠應有的基本設施，小童工整天就窩在不見天日、燈光昏暗、空氣汙穢不堪的惡劣環境下，賣力地編織那色彩華麗著名的波斯地毯，一日所得也僅在一鎊左右。

埃及政府實行九年國民教育，孩童到了入學年齡，家庭環境過得去的，會把子女送到－馬達拉沙【學校】接受

教育，但生長在三餐難繼的貧窮女童可沒那福份，就算依規定辦理入學手續，沒幾天父母隨便找個理由，幫孩子辦理休學，女童就只能眼巴巴看著－阿嗃【兄長】就讀，而自己每天出外做工，賺取微薄的工資來補貼家用，付出的勞力卻相當於成人所負擔的工作。

有次在朋友家見到他那約七歲的女兒，不停地在抓頭，心想不是皮膚病就是長頭蝨，想讓她把頭巾取下一探究竟。但埃及少女包上頭巾後，除了最親的家人外，不得顯露於外人，可能是看我是個老外，加上又有一把年紀，徵得她父母同意，才把頭巾拿下。往那打結亂髮一瞧，混身就起雞皮疙瘩且汗毛直豎，只見一頭亂髮中滿是蝨子，恐怖的是還有數不清的蝨蛋；這還不打緊，不知是無知還是不勤於梳理，滿頭的捲髮全纏結在一起，詢問之下，居然是此地的女童個個如此，而且除了貧困偏遠地區外，城鎮中女童十之八九也都長頭蝨。

回想台灣在1940、50年期間，國校女童也普遍長頭蝨，當時政府衛生單位攜帶著頭蝨藥，巡迴全國各地專替孩童處理頭蝨，實施多年後，頭蝨在台灣早已成絕跡。

心裡很納悶，就算是家長無知，難道學校也不懂嗎？衛生當局更視而不見，還是政府貧窮缺乏經費，無力照顧這些可憐的孩童。找到根源總得設法幫她解決，手上又沒有殺頭蝨的藥物，想讓她把頭髮全部剃除，是絕對不可能的事；苦無計策之下，看到她們家中用來照明的媒油燈，憶起當年長輩曾使用過媒油消滅小孩的頭蝨。

教她們用媒油噴灑到頭髮上，包上頭巾，一小時後再

清洗，後用密梳居然梳出一堆悶死的頭蝨，除了那難整理
纏結的頭髮，已找不到活著的頭蝨，雖然用的是土法，但
收到的效果卻比預期來的高。其後乘返台之便，曾帶了一
些頭蝨藥粉送給一所學校，至於有無用在學童上，就不得
而知了。

待字閨中

最美的莫過於似波斯貓的少女，五官輪廓特顯

埃及氣候炎熱，女孩發育的早，平均約在七、八歲之間開始，故在發育前要接受殘酷的切割禮，有的在嬰兒時就把陰蒂切除。鄉下很少有專業人士，一般就由母親或鄰居有經驗的婦人硬把陰蒂切除，據說：切除陰蒂是防止女性性慾衝動。鄉間沒有醫療診所，切割全靠代代相傳，由經過被切割的母親親自動手為女兒切割，三兩婦人按住掙扎的女童，活生生地把陰蒂用利刀割除。

少女到了十三、四歲即發育完成，實在說，鄉間女孩從小赤腳或穿塑膠拖鞋，那雙腳丫子還真不能入目，最令人難受的是她們身上會發出一股衝鼻的體味，可能是日常食物中，多為乳酪類，加上喜歡生吃洋蔥、韭菜等異味很濃的食物，導致體內排出那股異味，還真夠嗆。

少女生理期，在鄉間很難買到「薄薄的一片」的生理用品，也許經濟能力有限，因此每當月事來臨，一般就用吸水性較高的舊布，摺成長條將就使用，也不頻於換洗，一條就能用上三五天，直到經期結束。可想而知路過一群少女身邊，那五味雜陳的濃厚特殊異味，就直讓人消受不了。

鄉村少女從小用頭頂重物，養成走路自然抬頭挺胸的習慣，故成長後都擁有健美的身材，雖然穿著垂直寬大的阿拉伯式長袍，或過膝的連身洋裝，裙內再穿一條寬筒式長褲，服飾雖不起眼，但在走動時那抬頭挺胸、婀娜多姿

的體態，還真夠吸引人。

　　埃及從西元前945年首次遭外族利比亞侵佔後，歷經十幾世紀以來，更多次遭受他國統治，僅從西元前59年後計算，就被希臘、阿拉伯、土耳其、法國、英國等國長期佔領，血統早已混合不清，常見一個家庭中，成員就有黃、棕、白、黑等膚色，頭髮也有黑、棕、黃等色。

　　埃及女性中最美的，莫過於我們稱為－波斯貓的少女，五官輪廓特顯分明，挺直的鼻子，淺藍色的眼珠，白中透紅的膚肌，金黃色的頭髮，再帶上那健美的身材，連我這年已過半百的，見了都凡心大動。

　　遺憾是鄉村間的少女，除了一雙天足，更少有一頭漂亮的秀髮，先天不足加上後天失調，又終日裹著頭巾，那頭髮的樣子應可想而知，頭髮不但粗糙、乾燥，更缺乏油性的亮度，明顯是營養不良，雖洗頭後會抹上花油來護髮。

　　某種樹刨成薄片，過去在大陸也曾見過婦女用桐樹刨成薄片，浸水後成為桐花油保養頭髮，但其效果很差，且發出一股難聞的油味。

　　鄉間少女穿著的服飾，幾乎是清一色花色長袖、到腳踝寬大的長袍，完全顯示不出三圍，除重要喜慶時穿上鞋子外，一般時日就僅穿塑膠拖鞋。埃及少女令人欣賞的，除了她們抬頭挺胸走路的姿態外，就是那輕薄、柔軟、各花色布料的頭巾，一塊頭巾就能變化出多種包紮花式，也頗具吸引力。&

喜事臨門

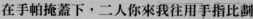

在手帕掩蓋下，二人你來我往用手指比劃

城市中男女還有機會交往到異性朋友，鄉村少女所來往的，除了親友最多的是左鄰右舍，根本沒有機會，也不允許與異性交往，因此百分之九十都是待「嫁」而沽。十五、六歲的少女到了適婚年齡，平日難得出門，鄉間少女也沒機會自由戀愛而結為夫妻，靠的是親友介紹，加上可蘭經鼓勵近親聯姻，因此也造成很多堂表兄妹之婚姻，這種親上加親的婚姻在鄉間為數不少。

從古埃及就是個亂倫的社會，亂倫遍及王室與民間，古埃及的亂倫不勝枚舉，有法老王同娶母親、姊妹為后為妃，也有與表妹婚配後，再娶與表妹所生的女兒為后，更有法老王本身即為父女亂倫所生，最著名的埃及豔后就是兄妹亂倫的結晶，而她也曾與親弟弟婚配。埃及直至西元二世紀，仍還有很多兄妹姊弟婚配，在民間則因家庭子女眾多，兄弟姊妹全擠在有限的空間同眠，無知加上性衝動，很容易就發生亂倫事件。

鄉間中盛行從小由父母先為訂親的習俗，成長後明知某人是未來的一半，但在任何場所巧遇到對方，彼此都得裝作不認識，得視而不見，更別說約會於花前月下了。有這層特殊關係的，彼此間家庭環境與經濟狀況有相當程度的認知，議親開出的條件較實際，如果對方是遠在他鄉又不認得的，那可真的要待價而沽了。

家有待嫁女兒，面子裡子都要，養了十幾年如花似玉般的女兒，哪能平白送出去，女兒出嫁，家裡就少了個幫手，再說嫁女兒，嫁妝多少得準備點吧。貧窮家中平常現用都不夠，哪會有閒錢放著為女兒準備嫁妝，再說辦喜事，必有親朋好友賀客臨門，再破的家至少也得整修，這都得花銀子，理所當然這帳全都算在男方身上。其實這種買賣式婚姻，開出的價碼也不算多，包括嫁妝在內，一般都在一萬至數萬埃鎊不等，如果是嫁到城市，聘金就可多了，城市人有錢嘛！再說嫁妝也有別於鄉村，至少就多了些電器用品類，那得花更多的鈔票，虧本生意誰都不會做。

婚事都由雙方父親或兄長出面協議，雖然在回教教義中明示，女孩有表達自己意願的權益，但從小被教導要聽

待字閨中之少女

命父命，即使心有不願也不會抗拒，一旦長輩做了決定，做女兒只能認命等著出嫁。

雙方家長達成共識，再決定訂婚日期，通知親朋好友，村中有權威的長老也要參與，鄉間平時無其他娛樂性節目，一丁點事都能引來一大群村民，家有喜事最能吸引人氣，屆時有限的空間絕對是擠得水洩不通，寸步難行。

但真正能參與的只有清一色男性，雙方父執輩、長老等數人，只見室內中放置一張桌子、三把椅子，長老坐中，雙方父親分別坐於左右兩側，其他觀禮者則靠牆圍坐四周地上。儀式是雙方家長面對站在長老前，兩人右手互握，長老用一塊手帕蓋在兩者手上，只見在手帕掩蓋下，二人你來我往用手指比劃，在那討價還價，快者幾分鐘便解決，慢者超過半小時。過程中觀禮者誰也看不出決定的價碼。事實上早就溝通過，但基於風俗，這道手續還得依規矩進行，等到雙方在手帕下的比劃，轉變成握手即表示協議達成，長老隨即宣讀一段誓言，雙方家長跟著複誦一遍，在紙上簽名為證，訂婚儀式即告圓滿結束。

剎那間從內室會響起一陣震耳的尖叫及掌聲，阿拉伯婦女凡遇大小喜事，如生日、訂婚、結婚、生小孩，甚至有朋自遠方來，都用舌尖顫抖發出高音貝的尖叫的聲音，以表達心中的喜悅。掌聲、歌頌及尖叫聲中，才剛議定終身大事的少女穿新裝坐上擺在高處的椅子，接受親友們祝賀，一般女方會準備些豐盛美食及飲料，供觀禮者享用。∞

不潔體毛

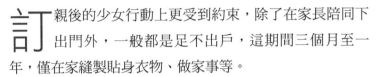

訂親後的少女行動上更受到約束，除了在家長陪同下出門外，一般都是足不出戶，這期間三個月至一年，僅在家縫製貼身衣物、做家事等。

少女婚前最重要的，莫過於清除體毛。阿拉伯人認為，女性身上最不潔的是體毛，尤其是陰毛，因此都必須經常徹底清除，過去沒除毛器也沒除毛藥液，只能用代代相傳的古老方式來拔除體毛。她們採用新鮮檸檬汁，加上大量的糖，加熱後揉成一坨黏性度很強的糖膠，維持一定溫度在體毛處滾動，即可連根黏除體毛，至今一般民間依然沿用此法。女性黏除體毛並不僅適用於婚期，一生都要保持去除體毛的習俗，用這種黏除體毛的方式，想也知道必定會很疼痛。

從古留下來的方式能沿用至今，必然有它的道理，實際上用糖膠黏除體毛，要比其他方式來得經濟及有成效。古代要獲得精緻的剃刀不易，況且用刀剃除，體毛會從切斷處往上延伸生長，則越來越粗；而使用連根黏除，則從毛囊處重新再長，理所當然應會較為柔細，而且維持的日子較長，再說用糖膠黏要比用剃刀來得安全，至少不會割傷肌膚。

至於為什麼要剃除體毛？相傳過去阿拉伯人過的是遊牧生活，生活起居在沙漠之間，水源得來不易，飲用水很

難取得，更難的是有足量水源供身體洗潔。處於炎熱的氣候，身上排出的汗，加上身體不乾淨，有助長毛髮長蝨子或陰蝨之類，為避免後患乾脆一刀剃之，而留傳至今。至於為何只針對女性？這可能又是與男人至上的民族性有關吧。

少女在準備出嫁的前一個月，開始打理那頭亂七八糟的頭髮，別小看鄉村落後，在非專業的美容化粧師巧手下，暫且不管髮質多粗多硬，那頭再纏結、再亂的頭髮經過藥水處理，火燙，還真修整的像那碼事。也用挽面來處理臉部汗毛，用棉線、白粉將汗毛挽除及修飾眉毛。

此外，新娘的手掌用染料繪上花紋，然以一個異國人則有不同的看法，在白淨的手掌上繪滿褐色圖騰，實在看不出有啥美感。況且那染料少說得兩個月才能逐漸消失，但以當地人表示，除了增加美觀外更代表著祈福。

家中窮歸窮，少女對婚紗禮服卻相當重視，多數都用買斷式，一套西式婚紗禮服，約在三百至一千鎊之間，頭飾則另計。

　　台灣風行出租的婚紗禮服，在此並不吃香，埃及女性非常迷信，她們認為一套婚紗禮服不能穿兩次，穿兩次代表會嫁兩次，即使別人穿過的也不行，這比東方人還迷信吧！

　　租婚紗禮服及先拍照不可能也絕不行，就算可以先穿婚紗，但那不算暴露的暴露及任憑由攝影師把未婚少女左右擺佈，可男方不跟他算帳才怪。

　　一般從－唬賭吧【訂婚】到－發拉哈【結婚】，通常在三個月至一年之間，除了嫁妝外，新房全是男方的事，由男方去打理，女方在這段期間則準備嫁妝，不外是一般家用物品鍋、碗、瓢、盤，及寢室內的墊被、地毯、棉被、枕頭之類。如果男方的房子大，又有電有水設施，那嫁妝就可觀了，從沙發、電視、冰箱、收音機，只要想得到、用得到的全都得準備了，反正羊毛出在羊身上，銀子是男方出的，買來的各類嫁妝物品，鐵定把所有的空間堆塞得滿滿的。&

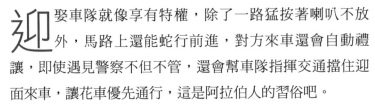

婚禮奢華

新娘得有憋尿的功夫，膀胱得絕對

迎娶車隊就像享有特權，除了一路猛按著喇叭不放外，馬路上還能蛇行前進，對方來車還會自動禮讓，即使遇見警察不但不管，還會幫車隊指揮交通擋住迎面來車，讓花車優先通行，這是阿拉伯人的習俗吧。

一路上大隊人馬吹吹打打、唱唱跳跳先村莊內繞行，然後才浩浩蕩蕩來到女方家圍繞在門前，又是一陣子吹打唱跳，新郎才能進入女方家把新娘扶出家門，小倆口坐上擺設在門前高高的椅子接受祝賀，這少說又得耗上一小時，期間樂聲、歌聲、婦女舌頭顫抖的尖銳聲、擊掌聲、各類鼓聲，加上對空鳴發的陣陣槍聲，可真駭到最極點。唱夠了，鬧夠了，迎親車隊才緩緩出發，理所當然這車隊依然先環繞村落才赴禮堂。

車隊到了會場，親友們一擁而上，圍繞在新人四周又是一陣歡唱，兩人才開始挽手慢步走向禮台，每移動一小步得停下來好一陣子，距離五十公尺就得走上半小時以上，好不容易上了舞台，坐上金碧輝煌的靠背椅，從這一刻起必須面對群眾，從節目開始到結束，得坐上三、四個小時。

講是婚禮卻沒有儀式，因訂親時長老的那份契約，就具有法律效用，婚禮只是純粹公開亮相，一場康樂會罷了。有錢的租用村落中室內場地，沒錢的在自家門前搭個

野台，請些藝人表演，不外乎還是民俗舞蹈、雜耍、歌謠及肚皮舞。演出的內容須視價碼而定，一場約四小時的節目，高級一點的在一兩萬，便宜的則只要數百元，可見演出者的知名度及演出內容，差距有多大了。

　　不管是城市或五星級觀光飯店，村落室內場所或野台，一成不變是在舞台中央，放置著兩張金光閃閃的大靠背椅，坐上金椅的新郎，還可以隨時起身走動，到後台來支 - 傻蓋【香菸】，來口 - 麥亞【水】或 - 打旱馬【撒尿】，甚至跟別人哈拉幾句。當新娘的可沒這福份，可想而知女性一不抽菸，口渴由親人傳遞小飲，除了內急需要，沒別的理由需到後台，因眾目睽睽之下起身往後台走，誰都知要幹嘛去，感覺上滿丟人的。因此當新娘的得有憋尿的功夫，膀胱絕對要夠力，打從迎娶開始到節目結

花枝招展新娘花車

束，再進洞房，前後少說也有七、八個小時，夠嗆吧！

　　前面曾提到一般女性到了晚上都足不出戶，遇有親朋好友的喜事，一家大小必定盛裝赴會，也唯有在這種場合，才可以大大方方在公共場所露面，因此製造了未婚男性選擇配偶的最好良機。但束縛於禮教，在任何場所及參加宴會時，男女都必須分席而坐，哪怕是老夫老妻也不例外，此時一般未婚男性會集三五好友，對坐在女性席中的少女評頭論足，這也只能遠看而已，絕無機會接近交談。⊗

注重貞操

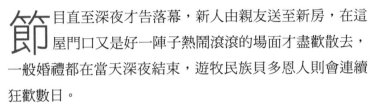

洞房檢視床單有關家庭榮譽，新娘不是處女

節目直至深夜才告落幕，新人由親友送至新房，在這屋門口又是好一陣子熱鬧滾滾的場面才盡歡散去，一般婚禮都在當天深夜結束，遊牧民族貝多恩人則會連續狂歡數日。

第二天早上首先登門是雙方的母親，帶著食品讓累了整天整夜的新人食用，也藉整理寢室為由，實際上是雙方家長會同檢驗床上是否有－蛋吾【血】，如果沒有落紅證據，新娘可會被退回，因依照阿拉伯人的習俗，發現新娘不是處女，可以把她送回去並收回所有聘禮，但也有例外，只要夫婿及婆婆當場協議不追究，即可大事化無，往後也不得以此事再追究及節外生枝。

阿拉伯人對女性的貞操很重視，洞房檢視床單有關家庭榮譽，新娘不是處女也關係到她的家人，故此檢視床單是必要的過程，而且得會同雙方同時進行。

回教有一條明文規定，婚後如男方對妻子連續說出三次：我把妳休了。只要當場有二人以上證明，即構成法律效果，如反悔可以再娶回來，但如果連休過三次，就不能再把她娶回。新婚期的食物由雙方家長輪流供應，小倆口整天就待在家裡，甚至期間有長達一個月者，至於這倆口子蜜月期在幹嘛，自己去想。

在埃及會常聽到－哈B比【親愛的】，當有異性對你說

這句話，可別誤會對你有意思，那可大錯特錯了。哈B比在他們而言可針對任何人，長輩對晚輩、子女、兄弟、朋友之間都能通用，只是表示對你好感，沒把你當外人而已，真正用於夫妻之間則為－哈B滴。

少女嫁到農家的，很快就要接替其他婦人繁雜的工作，家境過得去的僅是打理三餐、整理家務、生孩子。由於阿拉伯人通常都席地而坐，婚後很快就會發胖，據說阿拉伯男人盡量把老婆養得胖胖的，表示家庭環境好。

嫁到鄉村可沒那福份，家裡沒自來水，一家大小用水全落到肩上，每天都得用頭頂水桶到遠處取水，直到灌滿貯水桶才夠用。說這頭頂功還真了得，常見鄉間婦人一滿桶約十加侖的水，頂在頭上也不用手扶，四平八穩，桶中的水還不會濺出半滴。

有的家中使用瓦斯爐具，瓦斯用完必須去遠處換購，只見一個中型瓦斯桶，婦人同樣頂在頭上不用手扶，健步如飛地走上好幾公里。

婚後婦女除了正式出門較注重穿著，平日的服飾就不講究了，在鄉間或沙漠地帶最常看到她們的穿著，一種實用的服飾，說穿了只是一塊又長又寬的深色大圍巾，從頭到腳把整個軀體包起來，看上去就跟長袍沒啥兩樣。

這塊圍布稱之為「米賴亞」，約在3 × 2.5公尺之間，重約二至三公斤左右，是條深色又寬又大的圍巾，可別小看這塊圍巾，用途可多的呢！婦女不管任何時間出門，只要抓起這塊圍巾，前後用不到兩分鐘從頭到腳一裹，不需要另包頭巾，就成為一套連頭帶腳的長袍。

　　米賴亞又厚又重，用途多而又實用，鄉村多屬空曠地，隨時會颳起一陣風沙，把地面的塵土颳得滿天飛，此時只要用米賴亞從頭到腳一包，保證風沙不入。

　　睡眠時找塊平地隨地一鋪，一物兩用，一半當墊被另一半就是蓋被，再說裹著它睡可以禦寒、防蚊子叮、防蟲子咬。

　　出門在外裹著米賴亞，也可防下雨淋濕身體，寒冷時可禦寒，還可以防曬與抗熱。埃及的氣溫時而高達四十五、六度，再熱的氣候裹上這條米賴亞，可以把熱浪與皮膚隔開而感到清涼，由於它具備多種功能，是家庭必備的物品，每戶少說都備有兩條，誰要出門外出一裹就是一襲可出門的長袍，至於貼身衣物再破再爛，反正也沒人看得見。米賴亞又大、又厚、又重，用途廣泛加上穿著方便，放在家裡隨時備用，還真難得清洗一次，內部所藏的真夠瞧的，至少就是蝨子、跳蚤的大溫床。◌

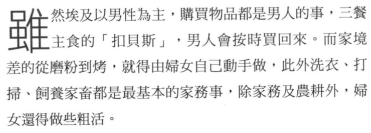

相夫教子

戴上耳環，女嬰就又畫上一個不公平的

雖然埃及以男性為主，購買物品都是男人的事，三餐主食的「扣貝斯」，男人會按時買回來。而家境差的從磨粉到烤，就得由婦女自己動手做，此外洗衣、打掃、飼養家畜都是最基本的家務事，除家務及農耕外，婦女還得做些粗活。

碰到好夫家，婦人懷孕時有其他女性會分擔粗重工作，否則臨到生產還得照幹。鄉間缺乏醫療設備，婦女臨盆大半在自己家中生產，做婆婆的或請村中有經驗的產婆代勞，可能是平常做慣粗活，練成身子硬朗，初產婦都能順利產下嬰兒，仍偶聞碰上難產，因經驗不足而造成產婦或嬰兒，甚至母子雙雙喪命之悲劇。

產婦生下的是男孩，親朋好友賀喜及營養品接踵而來，當上新爸爸的就更光采了，穿上最鮮麗的服飾，就像台灣候選人似的，斜披上紅色的寬紅帶，頭戴插紅花的帽子，騎上那頭裝扮成色彩繽紛的驢子，在一群親朋好友前呼後擁，一路又唱又跳、吹吹打打，就像我國古代中了狀元似的，遊遍整個村落。

如生下的是女嬰，則是由接生婆幫嬰兒打上耳洞，戴上象徵性的耳環，這女嬰就又畫上一個不公平的等號。生產期間做母親的會趕來照顧，依回教傳統習俗，婦女產後四十天內不能做粗活或遠行，但實際上在鄉下可沒這福

份，產後三天就幹活的大有人在。

到埃及家中拜訪，婦人都退到後室不見異性外客，用餐也要等到男性吃完後，才將剩飯餘菜收到後面食用。

男人沒事就喜歡到茶館喝杯－夏以【茶】，抽管－西霞【水煙】，天南地北瞎掰亂扯一通，多半混到深夜才回家，放著嬌妻獨守空閨，偶見帶著老婆逛街，卻永遠是男在前女在後，手挽手併肩走從未見過，夫妻兩人同時外出購物，男人空手走在前面，女性則提著大包小包後面緊跟，再多再重甭想男人會分擔部分，因夫妻同行由男性提東西，會被恥笑。一般婦人家總會些縫縫補補，做一些女紅之類的縫紉工作，理應縫工會很精細，但事實上埃及婦人卻不然。

有次筆者西裝褲的拉鏈壞了，因找不到裁縫店，問當地友人何處可換，他很熱心說讓他老婆換，雖感覺不妥，但無法之下也就讓他把褲子帶回家。三天後西裝褲送回來了，這一看差點沒昏倒，拉鏈確實是條全新的，而且還是用手工換的，但那縫線間距有長有短，線條更是歪七扭八，就像後面的圖示一樣 ╮、ˊ￣ˋ--ˊ，然而最大問題是黑色西裝褲的拉鏈從褲腰到褲襠，她老婆用的是白線，線條清清楚楚黑白分明。

又一次在友人家，西裝上的扣子鬆脫，朋友的老媽熱心要幫我縫回去，雖有過前車之鑑，但想才一顆扣子而已，又是上了年紀的老媽親手縫，理應不會太離譜吧。可是等縫好一看，哎呀！我的老媽媽！這回線是用對了，扣子位置也頂正確，縫工也真夠紮實，但問題出在她老人家

老眼昏花，頭腦不清，縫扣子時沒把衣服整理平順，居然是把前後兩層全給縫在一起了，第二天秀出這件傑作，同事莫不掩口大笑，直說不可思議。

縫補的工具——針，在埃及有很多傳說：針雖是家中必備的日常用品，但埃及人在晚上絕不使用針，他們深信夜晚用針，會給自己或家人帶來惡運。在埃及借針更是忌諱，即使萬不得已非借不可，也不會直接交到你的手上，必須插在其他地方來傳遞。埃及婦人在交惡時，最惡毒的話是罵對方是針，而被罵的則認為受到奇恥大辱，必定會針鋒相對還以顏色。

埃及人更把人類生理上的自然現象，與凶吉禍福聯想在一起，右眼皮跳被認為是禍，會有惡運發生；而左眼皮跳，則是好事臨身。連手癢在他們也有一番說詞，右手心癢，是有朋自遠方來；而左手心癢，則帶來好運。右耳鳴是有人在罵，左耳鳴則有人在想念。咱中國人常說的「最毒婦人心」，埃及人則認為「最毒是婦人眼」，從一個人的眼光中，就可斷定此人是好是壞，斜眼帶怨恨之目光為最毒。

埃及雖與我國相距甚遠，但有很多民間習俗卻與我們一些古老方式相似：小孩受到驚嚇，找收驚婆收驚等。埃

及偏僻鄉村普遍就還沿用那套老方法，過程都與中國相差無幾；就連那用紅紙寫上文字貼在樹上或電線幹，嫁禍給看到的第三者，手法都一模一樣。鄉間小孩很多在脖子上掛著一個小布袋，裡面裝的是燃燒過布唬救的灰或細鹽，據說帶上它可避免災害而帶來平安。由於她們深信邪惡之眼可以傷人，因此對自己的孩子都盡量順從，尤其做母親的會把所有心思及寵愛寄放於男孩子身上，從小到成年，母親就百般地呵護，鮮少看到責罵或處罰，故也養成男孩子的頑固與男人至上的特性。

埃及婦人不幸喪夫，必須躲在室內好幾個月，在這幾個月中，食物只能靠親人傳遞，主要是避免目光與他人接觸。據說：第一個接觸到新寡婦人之目光的人，會為他帶來惡運，甚至被目光毒死。

埃及男性的壽命較短，平均在五至六十之間，而婦女則比男性來得長壽，約在六至七十左右。埃及保存的習俗中，凡有親人逝世，送葬者清一色為男性，女性不得參與送葬，即使是至親的母親都不例外。男主人過世，其遺產則分配給男孩，女性全靠邊站啥都沒有，就連做母親的都沒份，因此不幸丈夫早逝，也只能依靠子女、親友們接濟，或出外打零工度日。喪夫的婦人也有再婚的，但大多數都是披上黑袍，渡過這不公平的一生。◦

埃及史上首座金字塔，起於第三王朝的階梯金字塔，係名列世界最古老大型石建物之一，至第四王朝則建造另四種型狀的金字塔，分別為：過渡型金字塔、變化型金字塔、平頂金字塔、及錐型金字塔。

埃及至今已發現大小金字塔有八十七座，而最具代表性的，是位於開羅西南方十三公里遠的吉薩金字塔，此三座是第四王朝法老王古夫（父、子、孫）三代的陵墓。各名為：〔父〕古夫金字塔，高149.6568公尺；〔子〕克佛里金字塔，高127.1016公尺；〔孫〕門考里金字塔，高94.488公尺，每座金字塔斜角度均為仰角50.51度。

三座中最大的古夫金字塔，佔地超過五公頃，基座單面長230公尺，共用了每塊約兩噸半重的石塊二百三十萬塊，動員了十幾萬奴隸，用了二十年的時間，疊疊成▲型的龐然大物。

吉薩金字塔所用的石塊，分別取自離開羅960公里以上的阿斯旺，及約50公里遠開羅郊區的馬奧地，如站在開羅市較高的建築物上，即可遠眺到馬奧地採石場，採石場至今還保存原貌供人參觀。

阿斯旺及馬奧地的石材，均為玄武岩及花崗岩，岩石硬度極強，以現代最科技的金鋼索鋸來採取，是可以準確切割任何尺寸，但在數千年前的古埃及，卻只能以人工

內室只剩下空石棺

智慧來鑿取。從現場遺留的工具，及石壁上還留下的痕跡顯示，古代埃及人先在石壁鑿出空間，然後按所要的規格，在石壁上每相隔七至八公分，鑿出密集整排石孔，在石孔打入木楔後再灌水，等所有木楔因吸收水份而膨脹，岩石受到密集的外力膨脹而裂開，如此反覆作業直到岩石整塊崩裂，再逐塊採下。

在開羅大城後方的採石現場，仍可看出當時的施工人員，對石塊要求的標準非常高，在作廢的石塊及岩壁間所留下的痕跡，很多都因為岩縫走向，導至石塊規格不合，或因施工時不慎使石材破損，這些缺角及龜裂不符合要求的石塊，全都拋棄遺留在現場。仔細觀察岩壁上遺留下來的木楔孔痕，所有的鑿孔及孔距，排列得整整齊齊，絕不差於現代測量工具及鑽孔機所鑽出的準確。

金字塔使用的建材，每塊重達兩噸半，其中最重的約二十五噸，以當時的運輸工具，只能以巨石、巨木作成轆轤，再以人力、獸力推－拖－拉的方式移動。以開羅馬奧地採石場到尼羅河邊，估計約有三十公里至五十公里之間，兩噸半石塊需要很多人力及時間，才能從山上逐寸移到尼羅河邊，再以木船裝運，渡過數百公尺到達對岸，再以人工方式推－拖－拉一寸一尺的推進，直達金字塔施工

位置吉薩。

依據官方資料，埃及所有的金字塔都建在沙漠地帶，研判主要是考慮利用現有沙材，將沙作為運輸及施工場地主要材料。標準石材經過層層接運，到達施工地點後，他們先將石塊排列成基座，把現場的沙沿基座外沿堆集成與石塊同等高度，並堆出寬闊作業場及斜坡為運輸道路，第二層石塊就可經斜坡道運至第一層基礎石塊上，準確地砌上定點，第二層按規劃排列完成後，再將沙堆高至第二層石塊等高，第三層石塊完成再順此而上，如此類推至各層，完成預留廊道及空室設計。

此時整座金字塔被層層沙堆埋在其間，並看不到它的真面目，外表只是一座人工堆集的龐大沙堆而已，必須等到最高之塔尖的最後石塊也砌上，再將沙堆一層層清除，在清除中同時進行金字塔表層修飾，以光滑的石灰石鋪設，等環繞在四周的沙堆清除乾淨，修飾也完成，雄偉巨大的金字塔才全部呈現在眼前。

這些過程說起來很簡單，然以一座金字塔必須動員十萬人，費時二十年才能完成，可想而知，施工場面之浩大及其艱苦，尤其是精準的計算，不得不令現代人佩服。

古埃及每一位法老，從登基握權開始，就籌劃建造專屬於自己的金字塔，也就是預築過世後安身之地，預建的金字塔內都先預留廊道，由塔外直接通往靈柩位置，其餘則以石塊層層壘疊，石塊間的接縫，細密的連水都無法滲透。

法老王過世後，遺體以藥物製成木乃伊並裹以層層亞麻布，放入木製的人型棺內，經預留廊道，運至金字塔內

石廳，安放在預設的石棺靈柩內，安葬後用預設漏斗將細沙排出，封閉用的巨石則自動落下，把多層廊道封閉，他們認為唯有層層防護，後人才無法進入且確保安全，使其肉體不腐永朽。

　　埃及有句諺語：「世人怕時間，時間怕金字塔。」代表金字塔之不朽，但卻不盡然，考古學家發現很多金字塔都比建造時的高度少了二、三十公尺之多。吉薩金字塔修飾表層的石灰石塊，在十四世紀前後，就被剝下二十幾英畝的面積，用在開羅興建多座清真寺及宮殿。

　　埃及古代法老王應始料未及，自以為固若金湯的金字塔，卻被盜墓者輕易破壞侵入，不但陪葬的金銀財寶被盜取一空，就連那求永朽不腐的遺體，也遠離安身之地，被擱在小小空間供後人瞻仰。∞

不朽之軀

領你到不起眼的角落，指點你看躺在玻璃櫃內的

頭一次走進開羅博物館，看到陳列在二樓的木乃伊，每具都以亞麻布包裹得密密實實，展示室內橫躺在架上的木乃伊，在館內明亮的燈光照射下，依然讓人覺得毛骨悚然。這些經歷數千年的木乃伊，除了多層安全防衛外，更為了防止接觸空氣中的濕氣而變化，在放置木乃伊的玻璃櫃內，都安裝自動調節乾燥、恆溫等措施，以避免其腐蝕。

歷過數千年的亞麻布，很多已支離破碎，但要一睹整具木乃伊真面目還真不容易，這就得靠熱心的警察先生，招手領你到一處不起眼的角落，指點你看躺在玻璃櫃內的木乃伊，露出一小截乾巴巴、黑忽忽的腳指，算讓人滿足了好奇心，聊勝於無嘛！但這可不是讓你白看，必須得付出一點代價，因那負責監督禁止使用鎂光燈，但又兼地下嚮導的警察，必會伸出比那乾屍好看一點的手，向你要－把虛許【小費】。

多次到博物館後，才知道除去亞麻布後赤裸裸的木乃伊，另展示在恆溫及濕度適中的專室。一具具赤身裸體乾乾皺皺的木乃伊，就擺在玻璃櫃中讓你看個夠。老實說，除了打心裡佩服古埃及人能把五千年前的屍體保存至今外，臨場實在沒啥看頭，只是一堆躺在那的黑乎乎乾屍，即使隔了一層安全玻璃，心理上還是感覺有點毛毛的。

古埃及人認為死亡是走向另一世界，靈魂必須靠完整不朽的屍體才能獲得永生，為了得到永生保存遺體，法老王及貴族把遺體、內臟經過特殊處理，藥物浸泡乾燥後完整保存，這遺體即稱為木乃伊。

　　被挖掘出的木乃伊，經考古學家以現代科技測出年代外，並經由透視及解剖中發現，木乃伊除了顯示其身分及地位，在製作處理的過程，以付出的酬勞多寡，分為上、中、下三級，全視處理手續的繁雜或基本而定。

　　上等的錢花得多，其處理手法也最繁雜。首先用特殊的工具從死者的鼻孔插入抽、鉤等方式，清除頭骨內的腦髓，再切開腹部，除心臟保留在體內外，取出其他內臟，再填入高級藥物及香料，縫合後將整具屍體浸泡在天然形成的碳酸鹽水中，其成分是碳酸鈉及氯化鈉，浸泡時間約四十天左右。

　　取出的肝、肺、胃、腸則另經處理後浸泡，分別裝入以各種石材做的四個「篷罐」內，屍體下葬時再放入靈柩內。

　　中等的則把某種液體灌入體內，讓所有內臟腐化，然後經清洗乾淨，同樣浸泡在碳酸鈉中。

　　最差的，則只用灌腸方式清洗胃部及腸子，屍體再浸泡碳酸鈉藥液，經浸泡過的遺體等自然乾燥後，肌膚外層塗上樹脂裹上亞麻布綑綁，再塗上樹脂，再裹上亞麻布，如此重複，多者達十幾層，經裹上亞麻布達到所需層次，即完成木乃伊製造。

　　法老做不到十年，十九歲即駕崩的末期十八王朝，法

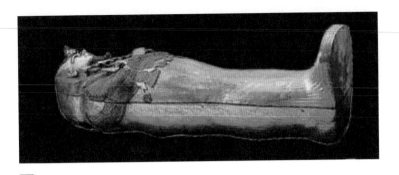

圖坦卡門金棺

老圖坦卡門的木乃伊，其遺體即用了十二層亞麻布，層層包裹綑綁，可能是處理不當，應成為木乃伊的乾屍卻成為一灘油脂。

古埃及人除了帝王家、貴族的遺體做成木乃伊外，一些動物、飛禽走獸也將其製成木乃伊，尤其是飼養在宮內的貓、狗等寵物做的木乃伊，在博物館展示也為數不少。

從歷經數千年古埃及人所遺留的文物中，蒲草紙畫描繪了木乃伊的製作圖案，在法老王的陵墓中石壁也清楚雕刻下木乃伊全部製作過程。展示室內除了木乃伊外，同時也展出古埃及人製作木乃伊所使用的，各類刀、鉤、剪、叉等應用工具。

埃及古代君王，為了求得永生，將遺體製作成木乃伊，以保持永遠不朽的靈魂，更不惜用高價珍奇寶物來陪葬，還花費巨大人力、財力及時間，築建固若金湯的陵墓以達到不朽的目的，然這些君王始料未及，後代的子孫不但破壞陵墓偷竊寶物，就連那最尊貴的遺體也不放過。

驚世靈藥

數千年的木乃伊，是大補特補的萬靈藥

不知打從何年代開始，盜墓者侵入法老陵墓，最初只竊取珍奇寶物：黃金打造的飾品，精緻玉石製作，及銅、陶等陪葬古物，等到這些易於運送、脫手的輕巧陪葬物竊取一空後，目標便轉移到木乃伊，偷竊出體積大的木乃伊，運輸、藏匿皆不易，更缺乏銷售管道。

埃及人還真是天才，腦筋一動，居然動到千年乾屍身上。他們先耳語相傳，說這歷經數千年的木乃伊，是大補特補的萬靈藥，吃了不但能治百病，更可以延年益壽。他們將木乃伊分解成小塊磨成粉狀，裝成小瓶出售，硬把千年屍粉炒得火熱，還真當成驚世靈藥。頓時門庭若市，更成為皇家貴族間的搶手貨，身價暴漲一瓶難求，可笑的是就連那鄰近的法國國王－法蘭西斯一世，都深信不疑，還如珍寶般隨身帶著一瓶屍粉，以便隨時隨地服用，可見當時的木乃伊粉，是多麼受到皇親貴族及富豪重視，其售價昂貴可想而知了。直至十八世紀末，木乃伊的來源有限，受到供應缺乏的影響，這服用木乃伊屍粉補身的惡習，才漸漸銷聲匿跡。

古代法老機緣好的，被珍藏在各國博物館，置身在那小小空間的架上，供後人評頭論足，指指點點，全失去當年君王的威嚴，但至少留了個全屍。那機運不佳的，不但遺體被刀鋸分解成碎塊，還被磨成粉末，還落入後人的腹

中，當成補品服用，落得屍骨全無。

有關木乃伊的傳說很多，最廣為流傳的莫過於「木乃伊的詛咒」。但繪聲繪影眾說紛紜，其中最聳聽的是，西元1890年，四位英國人在埃及買到亞曼雷公主的木乃伊，在回到旅館幾小時後，其中一位走入附近的沙漠，就此消失在一望無垠的沙漠中；另一位在開羅街道遭到槍擊而受重傷，救治後雖保住了一命，但卻落到切除了手臂的命運；另兩位安全回到英國後，一位富有的在短期間破產，淪落為街頭流浪漢；剩下一位則因重病而身亡。

這具木乃伊運到英國，先由一富商購得，家人卻在一場車禍中全受了重傷，豪門巨室更遭到祝融肆虐，富商決定把這具木乃伊送給大英博物館，運送時卻壓傷了路人，接著又失手壓傷了一位搬運工，另一人兩天後無疾而終。在博物館展示室，一名守衛在執行勤務中身亡，展示期間有意或無意碰觸木乃伊的，都發生無疾而亡或其他事故。博物館決定將此不祥的木乃伊，深鎖在地下貯藏室，不料做這決策的館長，兩天後身亡在辦公室座位上。

因這具木乃伊而發生一連串事故，引起新聞界的興趣，一位攝影記者，獲得博物館的同意後，進入地下的貯藏室拍攝照片，兩天後這名攝影記者，卻在家中舉槍自盡，至此接觸過此木乃伊的，相繼遭遇不幸的為數高達二十餘人。

博物館決意出售此具木乃伊，後由一位私人收藏家購得，收藏家請來靈媒法師為此具木乃伊舉行除靈儀式。然靈媒斷言宣佈，無法移除此具木乃伊身上的邪惡能量，要

女性木乃伊外棺

擁有的收藏家儘快脫手，但各大博物館均聞之色變，都不願接受此具木乃伊。一位美國考古家，不信邪把它買下，並親自由英國押運回國，準備安置在紐約展示，還期望可大撈一筆，1912年4月，一艘豪華遊輪載運著這具，緩緩駛離了英國，傳說此艘遊輪就是……鐵達尼號。ℬ

短命君王

法老的木乃伊軀體，很多流散置國外，唯有圖坦卡門

位於帝王谷十八王朝法老圖坦卡門（Tutankhamun）的陵墓，是埃及所有發現的陵墓中，保存最為完整的一座。此君在九歲時登上王位，卻是一個短命君王，死時才十八歲，由於他的陵墓，一直未被發現而未被竊賊侵入。

過去盜墓者從其他陵墓挖掘出的古物，金銀財寶、法老的木乃伊軀體很多都流散至國外，唯有圖坦卡門的所有陪葬物品得以完整保存在開羅博物館。

圖坦卡門，年紀很輕就過世，在位九年中無所作為，故其陵墓只屬中等規模，與其他君王相比，猶如小巫見大巫，因而未引起盜墓者的興趣，才逃過一劫。

圖坦卡門的陵墓被發現猶如戲劇化，1911年英國考古學家霍華得‧卡特（Howard Carter），在帝王谷挖了十年，想找出這流傳已久的圖坦卡門陵墓。十年中將所有可疑之地翻遍了，卻都一無所獲，就在心灰意冷頹喪準備放棄時，無意中看到一處未挖掘過臨時搭建的木板工寮，就在差點漏挖的木屋柱腳下，挖出一條地道。1922年12月挖開了二道石門，才發現這座未被盜墓者侵入，完完整整的圖坦卡門的陵墓。

陵墓內有數間不同作用的隔間，每間都堆置著黃金打造的陪葬品，裝飾獅頭的純金躺椅、金戰車、金神龕、金

圖坦卡門金面罩

圖坦卡門金面罩

雕像，及裝著奇珍異寶的珠寶箱等，數量之多令人嘆為觀止。

而第三間石室才是圖坦卡門的靈柩處，棺柩外貼滿金片，棺柩共用了六層，最底層是一具以一百多公斤純黃金打造的人形金棺，開啟這層金棺，在覆蓋著重十四公斤的純金面罩下，那短命的法老圖坦卡門，雖身穿金縷衣，頭罩金面罩，但木乃伊因處理不當，遺體只剩下腐蝕損壞的一堆油脂。

位於開羅博物館的二樓，有專為圖坦卡門設置的展示室，全部陳列圖坦卡門陵墓挖出來的陪葬物，可以看到金棺、金面罩、金棺龕、貼身金縷衣及無數價值連城的寶物。每件陪葬品不但使用珍奇材料，其製作精緻的功力，更讓人嘆為觀止，據估計以現在的貨幣來算，至少價值美金數十兆以上。

圖坦卡門陵墓的陪葬物共達五千多件，其華麗及數量更震驚了各國，因而炒熱了埃及熱。在二十世紀七〇年代，埃及政府曾將圖坦卡門的陪葬品運至歐美等國展示，吸引了大批人潮，也引起全球對埃及的興趣，各國遊客紛紛湧進埃及，掀起了全球一陣埃及風。

埃及流散在外的奇珍異寶、雕像、木乃伊，甚至更大的石碑，不知其數，很多被國外博物館或私人收藏，一位埃及政要在參觀歐洲各著名博物館後，就曾經情不自禁大喊：「看你們搶了我們多少東西！」。∞

埃及錢幣

一年半載就發行一套藝術性紙鈔

到任何國家首要是先認識該國的貨幣，實際上無論任何國家的紙鈔或硬幣，都會印製上國際通用的阿拉伯數字。但這組全球通用的數字，反而在所有的阿拉伯國家，卻使用一組印度的象形文數字。令人納悶的是，既非阿拉伯的數字，為什麼又不稱其他名稱，而偏偏統稱為阿拉伯數字。

據聞這組0至10的文字，是由古代印度人發明，後經阿拉伯傳入西方，因書寫簡單又易記而通用於全球，就由於是阿拉伯傳入西方，歐洲人以為是阿拉伯人發明的，而稱之為「阿拉伯數字」。

阿拉伯數字與中東使用數字對照

0	1	2	3	4	5	6	7	8	9	10
٠	١	٢	٣	٤	٥	٦	٧	٨	٩	١٠

埃及貨幣稱為「埃鎊」，一埃鎊等於一百披亞斯特

鈔票面額分別為 5 pt、10 pt、25 pt、50 pt、1埃鎊、5埃鎊、10埃鎊、20埃鎊、50埃鎊、100埃鎊、1000埃鎊。

100鎊在市面上雖能通用，但在購買零星物品的小額支出，如拿出那100鎊去付帳，很可能會被拒收，因一般小店還找不開，而1000鎊則流通於大額交易場所（如銀行

），市面上根本看不到。

　　至於市面上流通的硬幣，則包括：1pt、5pt、10pt、20pt，以及25pt五種。

　　埃及的高額紙鈔全委託他國印製，圖案除採用古蹟雕像外，其設計精美及套色鮮明，係藝術品味很高的紙鈔，大體而言每一圖案都以古國風味為主題。埃及擁有大量古蹟資源，從紙鈔到硬幣設計就以圖騰、壁畫、雕塑為主，每一圖案除了藝術更代表著一段歷史典故。

以古蹟為背景的埃鎊

古清真寺

　　埃及政府對國內使用的鎳合金通用幣也很有創意，每隔一年半載就發行一套藝術性的硬幣，從小額硬幣至純金幣及銀幣皆有。除了金、銀幣供收藏外，其餘大小不一，有小如姆指點大，大的則與民國初的袁大頭差不多，每五枚為一套。

埃及藝術性的硬幣

這些在我視為有收藏價值的硬幣，每次發行時除了高額的金、銀幣外，從未見人排隊去搶購，只要隔幾天就會通行於市面，出現在找回的零錢中，故在埃及只要注意購物後，手中找回的零錢，就可能獲得那剛發行有藝術價值的硬幣。

在發行的硬幣中，唯一採用現代人物，是遇害的埃及前總統沙達特的頭像。另外像重大事件也會發行紀念幣，如重新開放通航的蘇伊士運河、軍人節等等不勝枚舉。

埃及政府歷年至少發行了二百種以上的硬幣，本人就有在找回的零錢中，收集到數十種圖案，如當年盡些心力去收集，收穫應該更多。

埃及政府運用古代留下的資源，招攬觀光客的花招很多。但不解的是，很多國家會印製精美的郵票，或其他代表性的平價藝術品，而埃及除了風景明信片外，其他就是高價位手工繪製的蒲草紙畫、或銅雕製品（廉價的是印刷上色或壓製的銅盤），很少看到其他具代表性的物品。

數年中還沒見過以古蹟為主題的精美郵票，一般圖案的色彩不甚理想，尤其以粗糙紙張印製而成，毫無美感與收藏價值。∽

蒲草紙畫

觀光客到了埃及都會買上幾張蒲草紙畫，帶回來裱個框往牆上一掛，頗添增異國風味。

埃及打從五千年前即已使用蒲草紙，從金字塔內或一些廢墟中，考古學家挖掘到很多記載歷史的蒲草紙，雖歷經數千年仍然保存的很好，紙的本質及繪畫在上面的圖案絲毫未受到損害，古埃及文化能保存至今，就靠這些蒲草紙。

蒲草紙是用屬於水草植物的梗製成，此類水草植物生長在水份充沛的尼羅河沼澤地帶，梗長約三、四公尺呈三角型，梗面寬約二至三公分，嫩芯可供食用，梗除製成蒲草紙外，也可編成籃子、涼鞋及草蓆。古埃及人更把蒲草做為蓋房子頂棚的建材，更可編織成小型傢俱，甚至他們建造浦草船載運輕便的貨物及捕魚等。

至於製紙方式，古代埃及人將蒲草梗刮去綠色的外皮，直向分割成長條，後浸泡在蒲草自行分泌出的漿水中二至三日，在平整桌面上把蒲草薄片重重疊疊連接，以木錘敲擊出分泌液而黏成一大片，再經重石板壓乾水份及磨光，定型後風乾即成為蒲草紙，如需更大張者，再用數張黏合。

在開羅博物館保存最長的約在一百餘公尺，在館內可見到很多數千年前製造成一卷卷的紙卷，上面記載著古

埃及文字及圖案。館內還陳列著古埃及人用蘆葦做成的刷子，有類似中國毛筆及各種規格的蘆葦筆。

　　蒲草紙畫的顏料，則取自礦物、油質、植物、灰等，以這些材質做成顏料，在五千多年留存的作品中，考古學家發現古埃及很少使用鮮紅、黃色，而大多是以金、紅、藍、綠、白、黑為主。

　　世界上最古老的文字、文學、漫畫、故事，就是經由這些蒲草紙遺留至今。在埃及的圖書館所珍藏的蒲草紙捲本，最早的是在西元前三千年左右，各類顏料所繪成的蒲草紙作品，歷經數千年很少損壞，甚至顏色都沒脫落，應與埃及氣候乾燥有關，目前都以玻璃框置於架上，以利觀賞。

　　現代埃及人為了賺取外匯，需用到大量的蒲草紙，除了原料大半採用蒲草梗外，有的以香蕉葉來冒充；製造蒲草紙過程也改用機具加壓及烘乾，雖還保持著原有面貌，但繪圖則以印刷、樣版印模、再人工填色，同一圖案可大

蒲草紙畫

量生產。為了誤導觀光客，同一畫面卻採用不同顏色，乍看之下，便會誤認是不同圖案，因此騙取趕鴨子似搶購的觀光客大把鈔票。

一張約A4大小的紙畫，價錢從幾埃鎊到數千鎊不等。最低廉的是用粗劣的香蕉葉，以機器大量印製，每張約一埃鎊；中等者是紙質普通，先打樣由代工上色，每張約十埃磅以上；最佳的則是蒲草適中，圖案以純手工繪製，視大小售價約在百元至千元左右；數千鎊的是由埃及著名畫家手繪，並親筆簽名，此類多為收藏家所喜愛。

要分辨手工繪製或是印製品，只要用手指蘸一點水，在顏料上輕抹一下，如褪色即為手繪真品，但要注意須選適當位置，可別把畫面給弄花了，否則會被要求高價買下，印製品則不會褪色。一般只要選圖案線條清晰、色彩鮮艷、畫面不模糊即可，至於蒲草紙上等者，紙薄略帶透明，接合處平整，纖維細細可見，整張顏色略為相同，劣質品除紙張厚，看起來就很粗糙，紙面更凹凸不平及顏色深淺不一。

其實不管品質好壞，帶回家裱個木框往牆上一掛，也頗添增異國風味。除非家有用不完的鈔票，外加騷包，掛幾張出自名家手繪，然而又有誰知那像蚯蚓似的簽名，是何許人物也。

古代埃及人以蒲草紙記載歷史文化留給後世，可是他們意想不到五千年後的子孫，卻靠蒲草紙來謀利，賺取外匯。&

死者之城

微弱泛黃的燈，陰氣沉沉的氣氛令人不寒而慄

在一個秋夜獨自從市區開車，準備抄近路回馬奧地，過了舊開羅哈里里市集不遠，在一個五叉道路的圓環，竟誤轉進一條窄路，窄狹的彎街曲巷，幾盞暗黃的路燈照射在黃土路面，卻未見人影一個，只看到兩三隻流浪貓，矮小又狹窄的房舍，小木片窗漏出微亮的燈光，一家小店開著一盞微弱泛黃的燈，顯得陰氣沉沉，冷冷清清的氣氛令人不寒而慄，不由自主毛髮直豎，置身此景就感到不對勁，我應該是誤闖進了死者之城。

死者之城（The City of the Dead），顧名思義就是埋葬死者的墓園，台灣所俗稱的夜總會，墳墓集中之地。埃及開羅的死人城，共分為南、北兩區：北墓區原是一座競技場，約十三世紀前，被王親貴族佔為墓園；南墓區則為一般百姓墓園，建墓時間要比北區較早，現還保有許多龐大的古老建築及陵墓。特殊的是在南區裡面，不僅為死者安身之地，同時也是有活人居家之處，故而冠上特殊「死者之城」的盛名。

事實上這座死人城，不但赫赫有名，已有十幾世紀的歷史，其位置於舊開羅東郊，原與市界僅一路之隔，不知打從何世紀開始，南墓區就有很多居民長住在此，大多數是死者的窮家屬，沒錢買房子就來到此地，把死者原有墳墓改建，棺柩貼牆安置，剩下的

空間鋪上地毯，生活起居與死者緊密相連，不但解決了居住問題，又可與過世的親人長相左右，更可以保護親人墳墓。還有一部分把原有的墓地蓋成兩層樓房，棺柩設在一樓，二樓則為住家，與死者同住一屋簷下，出入都必繞柩而行，甚至還利用棺柩作為擺設貨物的檯子，貨物就擱在其上，開起小店買賣雜貨。

白天走進死人城，除了視覺感到與其他社區有點不同外，但見那街道上人來人往，孩童追逐嬉戲，茶館高朋滿座，耳邊傳來阿拉伯樂聲，你絕不會想到身處於死人城內。但每至深夜時分，尤其秋冬之際，冷風中帶些綿綿細雨，那份陰森森悽涼的感覺，就令人感到極度不適，但當地人則處之泰然，畢竟活人與死者同住已經有十幾世紀，還有啥好怕的，社區內還有幾座清真寺提供居民就近禮拜。

部分沒住在此城的埃及人，每年會在特定假日，全家大小盛裝打扮，帶著豐盛食物到親人墓前舉行宴會或者野餐，他們在墓前席地而坐，在墳墓旁生火烤肉、閒聊及分享美食，每個人臉上都洋溢著歡樂氣息。唯當回教長老至每一墓前，領著家屬朗誦可蘭經，才會有那麼一點追思的氣氛。

穆斯林沒有拱起的墳墓，基本上長約六尺、寬約二尺的平頂式，墓碑只刻上往生者姓名而沒有照片。阿拉伯人忌諱在墳前嚎啕大哭，更不可在墳前跪拜，掃墓絕不像我們清明節那麼嚴肅，反而是充滿著歡樂，像是參加嘉年華會似的，盛裝以赴，盡情吃喝，盡情歡樂，而構成奇特的景象，不一樣的民族便有不一樣的風俗，見多了也就見怪

不怪。

原本是埋葬死者之墓地，結果活人越來越多，成了個活人比死者更多的社區，有些經濟能力好轉而遷離的人家，卻將空屋廉價出租，造成居民越來越複雜，甚至成了走私、販毒、犯罪者的大本營，讓原本單純的墓地亮起了紅燈。

埃及政府將其視為罪犯之地，迫使政府有關單位利於管理而就地合法，並將其正式規劃為市區範圍，至此有了正式路名，每戶有了門牌，最後連水電都給供應上了。可別認為住在這裡是免費的，除了收取水電費外，政府還按戶抽稅，此地居民並非全是貧窮戶，很多還擁有私人轎車，根據官方資料，目前此區人口約一百餘萬，這種活人與死人同住的社區，可能是其他國家找不到的特殊景觀吧。

經埃及政府評估，認為墓園區設在市內有礙觀瞻，而且地區土地廣闊，應重新規劃出新商業區及高級住宅區，準備在郊區興建一處新的墳墓城，將此地墳墓全都遷移。然新墳墓城還沒全部完成，死者還未遷動，活著的人倒爭先恐後，先一步搬到那去了，而這已有十幾世紀的死人城，也將隨著全部遷移後而正式步入歷史。

遊牧民族

貝都恩人失去了往日盛名，反而淪為埃及觀光

在金字塔邊有很多供應遊客乘坐的駱駝，那與你討價還價的阿拉伯人，其相貌如有異於平常所見的阿拉伯人，有可能是貝都恩人，每當夕陽西下，騎上賴以維生的駱駝，卻朝都市相反的沙漠地奔馳而去的，更應該是貝都恩人。

如在市集中偶爾見到，頭戴只露出雙眼的面罩，身穿貼滿圖騰彩衣的婦女，在眾人中顯示出特殊的風格，令人有著懷舊感覺的，那絕對是貝都恩人。

埃及民族過去分兩為族群，分別為耕農的定居民族，以及遊走沙漠的遊牧民族，而所見到面貌有異的男性，穿著與眾不同服飾的婦人，就是埃及目前尚存少數遊牧民族－貝都恩人，

埃及在沒有現代化交通工具之前，對外貿易運輸，就全依靠這些貝都恩人組成的駱駝商隊，所有貨物以駱駝背負，長年跋涉在數千公里漫長的沙漠中，他們居無所定，入夜後就在沙漠搭起帳棚，生活起居就以帳棚為主。

長年遊走在沙漠的貝都恩人，攜家帶眷常年遊走於沙漠地帶，即使運載的貨物到達目的地，也只在空曠地臨時搭棚而住。男性忙著處理交貨及交涉回程貨物，女性則到市集採購食物及用品，除此鮮少與外族接觸，至今還保持著族人通婚，為公認血統純正的少數民族。

過去貝都恩人的駱駝商隊，在浩瀚沙漠中日行十幾公里，橫越寬七千二百餘公里的世界最大沙漠，每日步行在沙暴、豪雨、酷熱或嚴寒的撒哈拉沙漠中。貝都恩人並素以好戰、勇敢、毅力、忠厚、老實、好客而聞名，在埃及歷史中，貝都恩人就曾為埃及立下很多豐功偉業的事蹟。

以駱駝為生計的貝都恩人

隨著時代進步，過去全靠駱駝商隊運輸的貨物，已經以現代運輸車輛取代，使貝都恩人的駱駝商隊逐漸地消失，只剩下為數不多的貝都恩人，以駱駝載運考古學家或貨物，到那車輛無法到達的特殊地點。部分貝都恩人則參加挖掘古蹟行列，以勞力換取工資，年長的則日出晚歸，每天帶著駱駝守候在古蹟景點，靠乘坐駱駝的觀光客賺取微薄收入為生。

　　由於從事這一行業的貝都恩人眾多，在難以搶到觀光客及良莠不齊的情形下，導致原以忠厚老實，而聞名的貝都恩人，失去了往日盛名，反而為埃及觀光業帶來聲名狼藉的污名。

　　目前埃及的貝都恩人，雖然被環境所逼，逐漸被現代同化，部份還是以傳統帳棚為家，在這些外表不起眼的帳棚內，卻與過去相距甚遠，全被現代化設備取代，一部小型發電機就能供應日常所需，故也擁有電視、音響、冰箱等電器用品，甚至過去賴以維生的駱駝，已不見蹤影，帳棚外停放的是現代車輛。

　　貝都恩人雖在多方面有所改變，但有部分的執著，還保持過去的生活方式，穿著令人懷舊的衣物，凸顯出固有民族的原貌，才能在現代化埃及都市中，見到數世紀前撒哈拉沙漠遊牧民族的後裔。◎

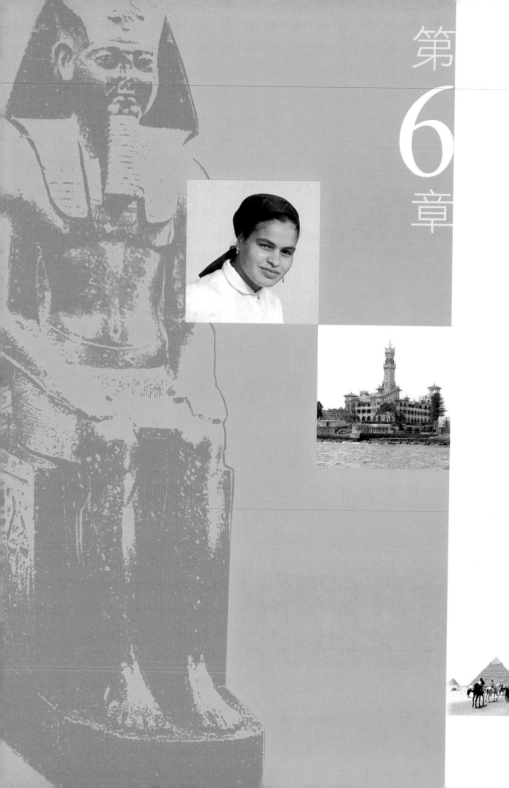

紅海尋寶

不知此物之美味，加上路遠未被識貨者侵入

埃及每年4到7月，高溫時可達四十幾度左右，那如火般炙熱得直叫人受不了，雖然辦公室及宿舍都裝有冷氣，出門公幹也有冷氣車侍候，但公餘之暇，還是想找個能泡泡水消消暑的地方。

開羅有幾家擁有游泳池的五星級飯店，卻只針對住宿旅客而不對外營業，另兩個俱樂部的泳池，卻採會員制，年費則高得嚇人，近在咫尺之尼羅河，雖沒有禁止游泳的規定，然由於水質不良，含有大量的阿米巴細菌加上水流湍急，河床深淺不明，誰也不敢貿然下水。總歸一句，身在開羅就很難找到一個泡水消暑之地。

與幾位同事商議，決定利用假日，遠征一百八十公里外的紅海，來個泡水消暑之旅，藉此平衡一下工作壓力，舒解身在異國的苦悶，說不定運氣好、還能撈些海產品，回來打打牙祭。

首度赴紅海的處女之旅，出發前就擬定了詳盡計劃，包括了車輛檢查、飲料、烤肉、泳具及個人浮潛器具等等，每項都做了周全的準備，另外還特別準備兩份地圖，把行經路程用紅筆一一標示清楚，兩部車各備一份，防止萬一分散之用，出發前夕車輛再次檢查，全加滿了油、水待發，為了避開交通顛峰時刻，一行八人早上五點多，分乘兩部車出發。

不料假日的開羅，居然比平常還擁擠，只能以車行如牛步來形容，好不容易擠出市區、經過吉薩金字塔，上了建築在沙漠中的快速公路，沿途除了偶見的大幅廣告牌外，兩旁全是一望無際的黃沙，毫無風景可觀賞。

二個多小時後，依路標轉入一條顛簸不堪的碎石路，景觀頓時一變，兩旁全是光禿禿的石山，特殊的是每座山的頂端，全是黑色的礫石覆蓋著，而石山本身卻是黃色石岩，遠看就像黃色山坡下了場黑雪一樣。更令人嘆為觀止的是，沿著山坡或路邊，有很多深不見底景觀各異的狹谷或深澗，沿路寸草不生，更別指望有棵樹了，讓人有處身於另一世界的幻覺，繞過奇景般的山區，才登上紅海邊的道路，沿路是清澈見底的白沙淺灘，一海之隔的對岸即為西奈半島。

大夥都興奮無比，已感覺不虛此行，聞到了海的氣息，看到了嚮往已久的紅海，大夥面臨紅海，但沒忘記此行計劃－泡水、抓海鮮，因此邊行邊觀察，專找有岩礁的地點下水。

此區水質清澈，潛入水中視覺都達五十公尺以上，只見附著在礁盤上的海藻及各類珊瑚密佈，但細心幾處尋找，嘿，還真不可思議，如此優越的環境卻連條小魚小蝦都沒半隻，回想當年潛遍台灣各地，還沒見過這等情況，真不相信在這種環境會無海底生物。

此處沒搞頭只有另尋別處，把正玩得不亦樂乎的同伴，請上車沿岸再找，沿海岸線看到有礁盤的地方，就下水勘查，連續找了幾個地點都與前者狀況相同。同伴裡有

紅海撒網捕魚郎

人在埋怨，沒撈到東西不打緊，至少泡水也要讓他們泡得
過癮吧！可是我就不信邪，這麼好的環境不可能沒有海底
生物，連哄帶騙的應允，再找不到就放棄，找個沙灘好好
泡水消暑，才又把他們請上車。才過沒多遠，又發現一處
礁盤，從路邊海岸一直延伸至遠處，根據以往經驗判斷，
在這種岩礁下，應該是有海底生物了。

　　把車停靠在路邊，其中一位同伴帶著蛙鞋、蛙鏡迫不
及待搶先下水，只見此君還未走到水深及腰的地方，突然
彎腰從水裡撈出一個綠黑約臉盆大小的玩意，直奔回岸上，
抱著這直問我這是什麼東西？因為他看到此物遍佈海底。

　　嚼，這還真是好東西！世界上最大的二枚巨齒貝類
Tridacna glgas（硨磲），硨磲貝柱肥大，曬乾後通稱遙

柱，係干貝中之極品，國內潛水場幾乎已成絕跡，還有很多西餐廳，把它外殼當作盛海鮮湯的湯盅。

這下可真發現了寶，匆匆帶著浮潛裝備直奔岩盤，只見沙質海床幾乎全佈滿硨磲、海膽及大如拳頭的海螺，應該是埃及人不知此物之美味，加上路遠又未被識貨者發現，放眼看去，海床上硨磲及海膽之多，別說是親眼目睹，就連在水中生物的紀錄片中，都沒拍到有如此多的數量，多到只要彎腰就可撈取一枚。此處雖位礁盤，但在岩盤表層卻覆蓋一層細沙，硨磲就像擺在那一樣，毫不費力雙手一捧就可離地，撈取非常方便迅速。

分配好任務，水性好的負責撈，差一點的專管用救生圈往回運，沒水性的教他們就地開殼取肉，硨磲底部兩片接合處有一條細縫，用利刃薄刀插入，切斷貝柱即自動打開，清除無用的內臟，就取那貝柱及貝肉。

二個多小時已撈到八、九十個，而多數在十公斤以上，最小的也有盛魚的盤子大小，把冰箱內的飲料及食品全清空，干貝與海膽就裝滿兩個郊遊用的大型冰箱，此外帶殼未經處理的，更塞滿了行李箱的空間。

午間就地取材生起火，敢吃生的就生吞海膽、生啃干貝大餐，不敢的用火烤熟再吃，這一餐吃得大夥眉開眼笑，大呼過癮，反而準備的烤肉大餐無人問津。餐後意猶未盡，休息了一會，即與另一位水性較好的伙伴，再度下海撈取海螺及海膽，奇怪的是此地還是未見一魚一蝦。∞

險遭不測

旁散落著支離破碎不知是人、還是動物的屍骨

直到下午三點大夥才收拾東西，滿載兩箱寶物踏上歸途，預定在六點左右可回到開羅，可能是一大清早就出門，一路上也沒充份休息，到了紅海後發現了如此多的砷碟、海膽，興奮之下都不感覺累，此時坐上冷氣車，除了掌握方向盤的駕駛，其他都沉沉入睡。

當時由Ｘ君開車前導，筆者開另一部尾隨，可能也是疲勞過度，該轉入山區的道路竟給錯過了，而誤入另一條道路，開始時還未感覺，等車又行進了一個多小時，才感覺越來越不對，上午路過的光禿禿的石山，現在眼前的兩旁卻是沙漠。

兩車停下商議，Ｘ君表示曾到此地看過骨材，從沙漠直穿而過，可節省時間與路程而提早回到開羅，同時又取出地圖，指前方應有一個古清真寺，只要越過此寺的沙嶺即離開羅不遠，從地圖標示也確有此古寺的存在。再說此時若回頭，時間及路程都不合算，加上地圖又有明證，Ｘ君又曾親臨此地，乃決定由他領頭再度前行。

果真過了半小時路程，看到了沙嶺上的破損古寺，至此時無疑像吃了定心丸，大夥都鬆了口氣，繼續聽任由Ｘ君前導。沙漠地區沒有道路設施，加上風沙把車走過的痕跡掩蓋了，每一方向看起來都像有車駛過的樣子，前導車開得飛快，車尾掀起的沙層，數十公尺內根本無法尾隨，

只能憑著揚起的沙霧，一丘又一嶺的跟著往前。

　　車行又一個多小時，按里程計算應該到了沙漠邊緣，可是放眼四觀，除了一望無際、連綿不絕、高低不一的沙丘外，根本見不到路或一座山，再看油錶存油已到了剩下五分之一的標示。

　　就在此時看到沙漠前方停放著一部汽車，這無疑像海上的燈塔般，燃起了大家的希望，加速開往此車停泊處，這車越近就越令人心寒，那竟然是一部被丟棄的廢車，而車體旁邊還散落著，一堆支離破碎不知是人、還是動物的白枯屍骨。

　　頓時大夥心都涼了，心裡直發毛，更開始心慌，前去不知何方，後退已不知來路，原本高掛的太陽，此時已偏西，萬一油料用盡，而又走不出這片沙漠，必定要夜宿沙漠。更糟的是，原本準備夠當天飲用的礦泉水，在紅海飽受一天炎熱，早就消耗一空，只剩下個人少量殘餘的小半瓶，冰箱裡的冰塊，為了增加放干貝空間，而將冰塊丟棄大部分，口糧加上干貝、海膽、海螺倒可以維持幾天，但沙漠中最重要的飲水，則成了大問題。

　　攤開地圖再研判，如前進方向正確，再過一小時應可接近沙漠邊緣，但萬一判斷錯誤，加上油料用盡，全體八人將困在阿拉伯沙漠中，就算安然渡過夜晚，明日炎熱的太陽升起，不把這八位冒失的東方訪客，烤成肉乾才怪。此時大夥沒一個開口說話，就連平常最搞笑愛出鬼點子的，都閉口不語，每個人心情都相當沉重，氣氛沉悶到冰點。

沙漠中貝都恩孩童

　　就在大夥一籌莫展之際，筆者突然想起裝潛水裝備的
背包，有一個錶帶式指北針，從行李箱挖出提包找到指北
針，大夥一看到這玩意，在近乎絕望中，似乎找到一線希
望，臉上也顯出一絲苦笑。

　　把指北針對準地圖上標示的方位，又前行了一個多小
時，油錶已快落至紅格，可是依然是黃沙一片，還是未走
出沙漠。

　　同夥們心情又沉重起來，有人質疑指北針的準確性，
但在這絕望無策之下，至少它還是八條人命的唯一希望，
決議還是按指北針繼續走，一路上捧著指北針，只要有一
點偏離，隨即糾正回到正確方位。

太陽已開始西沉，把沙漠染成一片金黃，可是此刻誰也沒那份心情，去觀賞畢生難得一見的美景，當車亮起大燈，除了照射前方的四道光茫外，其他三面全是暗黑一片，伙伴們心情已完全落到谷底，為了減低引擎負荷，節省油量，關閉了冷氣，迎面而來是熱乎乎的氣壓，更頻添每個人的情緒不安，但誰在此時都不敢吭氣，深怕出言不遜會引起風暴。

就在油表落在紅格內，油箱只剩預備油時，前車越過一處低谷，又衝向一個高的沙嶺，這才衝到頂端，X君與坐在駕駛旁的同仁大聲喊：前面有車燈！前面有車燈！果然前方遠處，有車輛往來的亮光，大夥不禁全都高呼起來，看看手錶此時已是晚上九點，一行八人足足困在阿拉伯沙漠五個小時。

在高處看到燈光，實際上距離還相當遠，而我這車才又開了沒多遠就罷工了，是油用盡了，前車卻加足了油門往前衝，距離遠猛按喇叭他根本聽不到，閃燈號又因前車尾揚起的灰層，隔絕了光線的穿透力，只見灰霧中的燈光越來越遠，一車四人不約而同開口大罵。

四人又不敢拋下車，步行越過不明有多遠的沙漠，只能在原地等待，早晚前車會發現回頭來找。引擎停擺，又開始擔心電瓶的電力用盡，沒燈光指示，又擔心前車回頭找不到目標，只有關掉大燈，留下閃示燈來節省電源。

沙漠中的夜晚特別寒冷，四個人只有窩在車內，黑暗中剩下閃示燈在閃爍，巴望前車儘速回頭來救援，每個人雙眼都注視遠方，看有沒車燈往這方向來。這時感覺時間

過得特別慢，約過了一個多小時，四人八隻眼同時看到公路上有燈光轉向，目標直朝我們駛來，知道救援來了，頓時全舒了口氣。

　　X君車到了車旁，拎下兩個裝滿汽油的塑膠桶，心中不悅才一掃而空，他看後車沒跟上，就判斷鐵定是沒油了，回頭必定導致兩部車都再度困在沙漠，先去加油，再載油來救援才對，X君帶我們誤入沙漠，險而讓成慘劇，這回將功贖罪，一筆勾銷。

　　上了道路，加足了油直奔開羅，平時感到擁塞的城市，此刻卻感到親切無比，大夥也恢復輕鬆的心情，但都有劫後餘生的感覺，至少這一段長達七小時沙漠歷險，迷失在一望無垠的沙漠，險為沙漠增添一堆來自台灣的枯骨，至今回想仍心有餘悸。

啃得累呀

忍不住酷熱赤腳漫步在淺水，必引來一些異色眼

亞歷山大城（Alexandria），阿語管它叫 - 啃得累呀，幾次在這的遭遇還真被坑得有些無力，除了在開羅那段日子外，其餘在羅西塔及巴碇停留期間最長，而這兩地都離亞歷山大城較近，幾乎是每天都要到的地方，辦理採購等均以此地為主，算是在埃及幾年中最熟悉的城市。

亞歷山大城是埃及的第二大城市，在歷史上佔有很重要的地位，為希臘時代頂盛一時的城市，後歷經戰火及大地震，城市已深埋於地下，名列世界七大奇景之一的燈塔，也倒塌在地中海，經多年挖掘及打撈，一些古蹟才得以重見天日。

對一心想到亞歷山大城去懷古探舊，會讓人大失所望，這曾淪為羅馬時代的城市，現存的古蹟並不多，有很多還在持續挖掘及打撈中。

亞歷山大城商業區集中在中心精華地帶，進口貨品很多，在這有專販售珠寶金飾的大街，每家店展示的櫥窗擺滿著打造精緻、鑲嵌鑽石及義大利進口彩色金飾居多，本土化圖騰式金飾，更讓人眼花撩亂目不暇給。埃及的金飾店櫥窗看不到純金飾物，清一色為K金打造，24K在他們眼中是純金可保值，而咱老外則偏愛純金，買純金要先聲明店員才會從保險櫃，取出999瑞士金幣、金牌、金塊讓你挑選。

很多店家專售名牌精美瓷器，一組組整套有品牌，其價碼可高了，而日製、韓製及海峽對岸的則價格較低，但算起來還是比台灣貴很多，以一個瓷碗要價在台幣一百元，而在台灣則只要台幣五十元左右。

　　台灣外銷埃及的產品不少，以成衣、休閒服、塑膠製品、玩具、文具類較多，高價位的倒少見，由於價格低廉，故在埃及人使用的物品中比率滿高，這些外銷品其品質都不差，連我這居住台灣五十餘年的，都曾看走眼。曾在亞歷山大城的百貨公司，看上一套質料、樣式讓我滿意的休閒服，以在當地算高價位相當台幣三千元，買回去後才發現是台灣製造，其實台灣很多成衣外銷埃及，很多都是高檔貨，當然還是以平價者銷路最好，頗受埃及人所喜愛。

　　亞歷山大城除了幾處古蹟外，供遊樂的地方並不多，位於市區附近的動物園，佔地很廣，但飼養的動物奇少，七成以上只剩空無一物的柵欄，僅有的動物都瘦骨嶙峋窩在那不動，與台北木柵動物園相較下，實有天壤之別之感，但這是民眾或學校戶外教學最佳的去處。

　　亞歷山大城沿地中海有綿延數公里的海灣型沙灘，夏天風平浪靜，沙灘上人山人海，但到了冬季卻

櫥窗金飾琳瑯滿目

海浪高達數丈，沙灘上絕無人跡，夏冬兩季讓這成了兩極化景觀。

由於地理環境，亞歷山大城是埃及人避暑勝地，每至夏天，很多埃及人都湧往此城，屆時街道晝夜都擠滿了外來客。此地開放式海灘很多，可惜綿延數公里的海灘，卻沒有規劃及管理，夏季沿海人滿為患，各式攤販穿梭其間，泳客、小販更是各類垃圾的製造者，隨手就拋棄於沙灘，海灘上的瓶瓶罐罐、塑膠袋、紙屑等垃圾滿佈的景觀還真夠嗆。

埃及算是回教國家中最開放，曾多次參加過世界小姐選拔，基於教義，回教女性不得裸露手以外之肉體，即使在海灘泡水弄潮，除了男性及幼年女娃穿著泳裝外，就看不到少女或婦人泡水消暑，一般就靜坐在太陽傘下閒聊，忍不住酷熱的最多赤腳漫步在淺水，也必引來一些異色眼光。

沿地中海的海堤大道，則保存很多歐式的建築物，但大多數都已改為觀光飯店或咖啡吧，在這些建物內的大廳四壁及頂端，還保存著羅馬時代浮雕，彩繪的藝術圖案，讓人頗感懷古之意。

最能令人留連忘返的是每當夕陽西下，傍晚時分華燈初上，在濛濛的燈光下，坐落在寬敞的人行道露天咖啡座，面對著復古鏤空的茶几，來杯裝在精美彩繪瓷杯的咖啡，一面享受香醇咖啡，一面欣賞如詩如畫般的美景，身受海面吹來緩緩微風，可讓人忘卻一切世俗煩惱，陶醉其中而留連忘返。 🐾

魁德貝堡

見到東方人就管叫爸爸，而讓我現成了老埃

歷山大城有幾處較有名的景點、珠寶博物館、希臘博物館、蒙扎扎夏宮、龐貝神柱、魁德貝燈塔、羅馬帝國時期圓形劇場及殘存的羅馬群葬地下墓窖。地下墓窖是一座地下三層的建築，從天井圍繞的旋轉階梯而下，進入猶如迷宮的地下一層，四壁混合著埃及與希臘古典裝飾圖形，在這有放置著花崗石鑿成的石棺，有為祭拜亡者的宴會廳；第二層的正中央是座奇形怪狀裝飾的墳墓，壁面上有兩條似蛇的圖案，在這裡的石棺很多但風格都不一樣；地下三層則因地下水滲透而不開放，從開挖及保護這座地下墓窖，地方政府十分珍惜羅馬時代的文物。

龐貝神柱建於一千六百年前，最引人注目的是高達二十二公尺、以粉紅色花崗石製造的圓型石柱，頂端雕刻成放射型花瓣，據說在這石托上原有一座騎馬的雕像，後被基督教徒給破壞，但保存了石柱，有人說是這好幾百噸重的石柱難以搖動。好奇的是這根巨大的石柱是如何搬運，又如何將它豎立起來？即使使用現代的起重機具把它豎起來也確非易事，石柱前有兩座花崗石的人面獅身像。

近市區一處岬岸轟立著一座白色古堡，古堡原址是建於西元前279年的燈塔，原高一百二十公尺，正方型的底部有三百間工作人員住宿的臥室，由此可見燈塔之規模宏大，故而名列世界古代七大奇觀之一。西元1100年一場大

魁德貝古堡

地震，震垮了這巨大的燈塔，至1480年，蘇丹的魁德貝利用原燈塔坍塌的花岡石岩及大理石，在原址上建造了魁德貝古堡，古堡內部現改建為海軍歷史博物館。

靠近地中海畔台地的蒙扎扎王宮，現稱【夏宮】，是埃及末代國王法魯克的行宮，為佛羅倫薩風格式建築，其特殊景觀吸引不少遊客光臨，過去是王室避暑之地，爾今則為埃及總統夏天避暑之處，但除了花園外，其主體建築並不開放參觀，遊客只能在外面拍照留念。

亞歷山大城有和煦的陽光，綿延數公里的白色沙灘，是埃及人的渡假勝地，每逢假期從各地舉家前往海濱渡假村，靠山吃山，靠海吃海，亞歷山大城面臨地中海，有商港也有漁港，故此海鮮類很多，價格也很便宜，約二十公分活蹦亂跳的大蝦，在海港邊的魚市場售價每公斤約十鎊，魷魚類則五鎊左右，鮮魚則視類別而定。

當年因辦理近百人的伙食，大魚大肉鐵定不能少，故常光臨此地漁市場，每次交易少說也有數十公斤，把兩個特大號冰箱塞得滿滿的，久之也跟魚販混得頂熟的。他們連哪天會到都會算，而那股把你當－傻低估【好朋友】的熱情可沒話說，雙手一張就跟你來個擁抱禮，這也不打緊表示歡迎嘛！怕的是那沾滿魚鱗、魚腥味的雙手，可不管你穿著乾乾淨淨的衣服，這份熱忱又不能拒絕，這可是阿拉伯人最崇高的見面禮儀，再說還直衝著你叫爸爸。

這聲爸爸也不知打哪來的？百思不解之下的結論是，應該是過去有咱東方人來過，而埃及人見到老外，喜歡追問你叫啥名，那位仁兄也許被問煩了吧，有意或無意就回

蒙扎扎夏宮

了句爸爸！自此在魚市場的埃及佬見到東方人就直叫爸
爸，而讓我這後進當了現成老埃的⋯⋯。

　　埃及人做生意也頂怪，不同類不同價的牌子就插在
那，可能是以為老外看不懂阿文好欺負吧，張口要的價錢
就不一樣，包準會比標價來得高，即使指著標價質問，他
老兄把價碼牌一收，要的就是高價，碰到我這吃過虧上過
當的，怎會甩那套，要不就跟他磨，要不掉頭就走，下次
別指望會再度光臨。久之，魚販也知我這老外跟別的不一
樣，不但不敢亂開價，有時還被我殺得比標價來得低，至
少我是個大客戶，再說市場內魚攤多得很，大不了多跑幾
攤，要多少有多少，哪怕會買不到！∞

潑屎曬硬

身上穿的及腳上蹬的，全準備拋棄的舊衣破鞋

潑屎曬硬【塞德港】，由於是蘇伊士運河南、北向都必經之港口，補充燃料及物資的船隻頻繁，也使塞德港成為埃及唯一免稅國際港口，因而帶動整體商業擴張與經濟繁榮。腹地不大的市區內，商店林立，擺設的全是貨真價實各國貨物，從食品罐頭、衣物鞋類、首飾到各類電器用品應有盡有，是埃及人心目中的購物天堂，故都不遠千里而來採購名牌貨物，說實在那出售的名牌物品，價格比台灣至少便宜三分之二，故也是我最常到之地。

塞德港由於是免稅區，外來者進入該區都必須到設在外圍道路上的海關辦理登記，在登記表格上詳細填寫入區時間，隨車及隨身攜帶的貴重物品，這包括手錶、金飾、相機等等，就以名貴手錶及攝影器材來說，登記時甚至連品牌、號碼都得填寫，有此申報表，出關時才可免以課稅。

埃及人大多數死要面子，尤其是年青人，再苦再熬也得弄點名牌上身，每逢假日一部部載滿老老少少的交通工具，不惜千里而來，僅排隊登記入關，就可達數公里以上。只見這些湧往此地的過客，身上穿的及腳上蹬的，全是準備拋棄的舊衣破鞋，反正來此目的就是大肆採購，因此身上的褲子及上衣，各類夾克或外套，層層疊疊可套上好幾層，可把一個瘦子裹得像個大胖子。

　　由於出關人數太多，造成關卡擁擠不堪，而個個檢查費時耗力，有時過客僅需坐在車上接受檢查，只要打開車門及後車箱，海關人員例行公事瞄一眼，對身上套穿的衣物及腳上的新鞋，一般都心照不宣給予放行。除非碰到檢查員不爽，會要所有乘客下車外，整輛車可會檢查的夠透徹了，連備胎都給搬出來，身上穿的腳上蹬的，只要是新品全依價課稅。以一條純羊毛毯約要交納五十埃鎊稅金，攜出物品以電器用品稅金較重，但即使課稅後，還是比一般市價便宜很多，故專程來買的人很多，個個都滿載而歸。

　　離開關卡後約二、三公里處，常見一部部車輛停靠路旁，老老少少就站在路邊，大脫特脫檢查此行收穫，在這會有人專收購闖關的貨物，保存標誌的則高價收購，再怎說絕對是有賺頭。

　　當年常到塞德港逛，順便購買服裝、休閒鞋之類，
在這名牌之多，令人目不暇給。老外到塞德港享有特別待
遇，進出海關不需排隊，另有專門用道通關，一般攜出物
品只象徵性課稅，外國人也很珍惜這份禮遇，購物都適量
以自用為限。塞德港民生用品確便宜很多，但餐飲卻比開
羅來得貴，其主因無論肉類、青菜、甚至配料，全使用進
口貨來烹調，成本高就加到消費者頭上了，不過在塞德港
還真能品嚐到各國美食佳餚。

　　塞德港市區面積不大，分舊有區及新建人造島區，舊
區從建築物就可以分辨，高層大樓不規則加蓋的突出物，
凹凹凸凸像隨便貼掛在其上，雜亂無章外表更像是整排危
樓，萬一來場大地震，十之八九會像砌紙牌般坍塌，瞬間
可夷為平地。

而在人工填造的新生地，與前者則有天壤之別，美侖美奐的現代大樓及豪宅林立，寬敞的道路顯示出新都市的面貌。不知是塞德港屬自治區還是另有補助，此地道路規劃與公共設施，要比埃及首都開羅還來得美觀及整潔，市區內幾乎看不到垃圾或拋棄物，街道上乾乾淨淨就讓人頻添好感。

　　可能是經費充足吧，在塞德港連見到的警察，其服裝儀容比其他城市來得整潔，至少讓人看過去有那股威嚴，就連那小學的糾察隊，除了少把佩槍外，所穿的服裝樣式、顏色及配件，全與那警察一模一樣，顯得精神抖擻及神氣活現的模樣。

　　由於地理位置，塞德港也是亞洲與非洲之分界處，與塞德港僅隔兩、三百公尺，一水之隔的彼岸即為亞洲，花半埃鎊的渡船費，即可由非洲登上亞洲的土地。但在這塊亞洲邊緣之所在地，因腹地窄小的關係，除了地理位置有異外，在這彈丸之地沒有一棟像樣的建物，僅有靠山的幾棟陳舊小屋，與對岸塞德港繁華景色有天壤之別，但能在不到十分鐘的時間橫跨兩大洲，也算是人生中難得的特殊經歷了。∞

渡假勝地

鄰國及本國富豪，攜親帶眷從各地擁進這渡假區

面臨地中海的巴碇小鎮，是埃及箸名的渡假勝地，柔細的金黃色沙灘綿延五公里餘，沿海陸地有數千棟的別墅，戶戶像展示財力似的，有的佔地數百至千坪，棟棟建築成豪門華廈，各具風格的花園豪華別墅，集世界各國豪宅於一地，瀏覽其間讓人目不暇給，更令人目眩神迷，彷彿處身於夢幻之中。

從這可看出埃及貧富懸殊，擁有此地豪宅者，少部分是鄰國王親貴族、名人、政要、富商外，多數為埃及本國人所擁有、花費鉅資所蓋的豪華別墅。實際上每年使用時間不到三個月，每當暑期一過，戶戶大門深鎖人去樓空，渡假勝地如死城般寂靜，別說晚上，大白天連野狗都沒半隻，更遑論人影。

巴碇雖為避暑勝地，卻只有一條聯外道路，交通甚為不便，到最近的亞歷山大機場約百餘公里。這個臨海小鎮，本地居民並不多，由於臨海，除了夏季短短的三個月氣候及海象穩定外，剩下的幾個月，氣象惡化到極點，幾乎天天狂風暴沙，海浪滔天，在這等惡劣氣候環境，實在也不適合居住。

但到了炎熱的季節，陽光普照，風平浪靜，加上海上吹來陣陣清風，令人感到舒適無比，確係避暑最佳之地。

埃及每年4月至7月為夏季，氣溫高達四十度以上，時

值學校放假，擁有別墅的紛紛來此避暑，此時只見鄰國及本國富豪攜親帶眷不惜千里，駕車從各地擁進這渡假區，屆時家家門戶大開。

從早到晚，戲水人潮佔據了五公里長的沙灘，入夜後別墅區僅有的二條街道，絕對擠得水洩不通，冷飲、小吃、雜貨、土產、服飾、珠寶等各式各樣的攤販全出現了，而攤攤生意興隆，常見那存貨不足的連夜趕往他城鎮補貨。有道是「三年不開張，開張吃三年」，來這渡假的都在比富有、要面子又出手大方，可沒那討價還價的事，當地人經營的攤販就靠短短的三個月，輕輕鬆鬆賺飽，其他月份啥事也不用做，就等來年再開張。

夏季人群盡情在此歡樂，猶如人間天堂，但過後即日日海濤洶湧，浪高湧大，強風帶來的暴沙，淹蓋整條街道及別墅庭院，入夜後的風聲、更如同鬼哭神號般，呼嘯而過，頓時勝地陷入地獄般的境界。

強浪更嚴重侵蝕海岸，導致海灘流失，進而入侵陸地，靠近海岸的豪宅，有的已被海浪寸寸侵蝕，沖失了地基而至倒塌。

擁有華廈的富豪，利用政商關係對政府施壓，名為保護海岸流失，實際上是保護自己的財產，埃及政府為保護這塊富豪華宅海岸動用鉅資，每隔一公里從海岸延伸至海中，建築長三百餘公尺的消波塊擋浪堤三條，以阻擋海浪不衝擊到海岸，而有效地防止了陸地被海浪侵蝕，甚至導致水流改向，使沙灘逐漸回復原有面貌，確實達到保護豪宅目的。

海岸遭海浪侵蝕

渡假村豪華別墅

　　埃及北方面臨地中海，沿海岸之村落也遭受同一處
境，海浪侵蝕導致陸地流失，有些侵蝕情況比渡假勝地更
嚴重，甚至整個村落被侵蝕而消失，然卻未見政府有任何
措施。

　　保護國家土地被侵蝕，是政府應所為之要事，但也應
以輕重緩急而實施，耗費鉅資先保護王親貴族、名人、政
要、富商的渡假地，卻暫緩同屬國土上窮貧百姓生命、財
產安全的保護措施，這也夠另類了吧！&

偷天換日

掉頭往回走，看見有人在扯樹叉上的電纜線

羅西塔市，位於尼羅河支流河口與地中海交界處，可能是臨近海岸，這裡的氣象特別詭異，時而風雨交加，時而又狂風暴沙，每當烈日當空，氣溫高達四十三、四度，入夜還需裹被而眠。

羅西塔雖有水電設施，但電訊還未普及，除政府機構有電話，民間申辦電話除了昂貴的費用外，最快也要等上一年半載才可能接線裝機，駐地為了保持對外聯繫，動用了關係，花了數倍的代價購置了全程電纜，遠從四公里外拉了條專線直通駐地。

雖稱之為專線，除了臨辦公室外面有四至五枝不像電桿的木桿外，約姆指粗的電纜線經村落、農地及沙地，則隨意掛在樹梢、民房、圍牆，甚至直接放在道路邊、水溝。

一條數公里的電纜所經之處如此複雜，可想而知斷線必定會常發生，斷線時就得請電話局派人查修，每次維修人員一出動，除了茶水、香菸款待外，還得付有－法都拉【收據】的公費五埃鎊，每位工人小費一鎊，此外還得供應包線的膠帶。為了保持良好關係，初期並不在意小額支出，再說頂著高溫在烈日曝曬下沿路查線，也夠辛苦的，故每次就按人頭付把慮許。

約半年後卻發現每隔三、五天就斷線，甚至好端端

正在通話中，話筒中卻傳來一陣雜音，接著就變成無聲無息，甭說電纜線又斷了，妙就妙在還未派人前去聯繫，一輛電話局的老爺公務車，就已載著四、五位工人，主動到辦公室報到。

更妙的是，有次電話鈴響，接聽之下是查線員打來的，說是他們巡查時發現電話線斷了，已先接好了，特別通知及要來收費。

由於次數越來越頻繁，打從小就一肚子壞水，這點雕蟲小技哪瞞得過……我，帶著助理步行，從辦公室出發沿路查勘這條線路，發現遠離村落人煙稀少幾處的電纜線，都被動過手腳，而且明顯是遭人為的破壞，但這無憑無據能找誰去，也便提高了警覺性，知會同仁及助理，凡經過線路處多注意可疑之人。

有天電話又斷線了，正好需外出洽公，自己帶著膠布沿路找到那斷線位置，把線路接上驅車離去，半路上發現少帶了東西，掉頭就往回開，打老遠看見有人在拉扯樹叉上的電纜，好嘛！你這沒拿到把虛許不甘心是吧。

為了怕打草驚蛇，把車子熄火滑行到那位老兄身後，眼前所見是電纜又斷了，這位老兄手上還握著一把專業剪刀，加上斷線處是新跡，這下可人贓俱獲了吧！問他為何剪線，只見這位仁兄面不改色、理直氣壯的回答：我是在查線。查線，唬弄誰！連哄帶騙把他請上車直奔電話局，找到他的頂頭上司，本以為該有合理的答案，不料那位上司卻回答，他確實是派出去查線的，你已妨礙他的工務，看在你是老外，也不追究了，請回吧。

赫！這還下逐客令了，擺明是包庇手下，搞不好還同流合汙呢。嘿，還會有這等事！可是身在異國你還能怎樣，而且這可是政府掛牌的公務單位，容得你在此撒野嗎？摸摸鼻子掉頭就走，打心理不服氣。唬誰！查線有這樣查的，把電纜線剪斷查，而且除了一把剪刀身無其他工具，總該有個話筒或測錶之類吧。

自從被捉到後，總算恢復了一段正常通訊，而慢慢也把這事給淡忘了，更疏於常去檢查。有天電話線路又不通了，沿路查勘竟然發現全長約四公里的電纜線，從距離辦公室不遠到臨近市區全給調了包，換上的是亂七八糟、長長短短各式電線，有的才幾公尺，更過份的是線與線的接頭，就隨便的扭在一起，連那膠帶都沒包，銅線就裸露在外。

世上沒有如此笨的小偷吧，偷，會不留痕跡線索，把電纜線剪走就行了，誰會大費周張給換上舊線，這哪還要用腦袋去想，擺明了是電話局鏟走的嘛！

氣極敗壞的帶著助理到電話局理論，可想而知從上到下誰會承認，再說捉賊抓贓，這回一點證據都沒，那更沒得談了。∞

種留異國

菜籽被來了個大搬家，全搬到螞蟻窩去

阿拉伯人喜生吃蔬菜，如蘿蔓、萵苣、蘿蔔葉、洋蔥、韭菜、高麗菜、黃瓜等，這都是他們所愛，而在市場能賣的，也就限於這些適合生吃的幾樣蔬菜。尤其到了夏天，由於氣候乾燥，不適合葉菜類生長，在市場上就只能找到幾樣營養不良的瓜果類而已。

辦伙食的肉類倒不缺乏，為了同仁有適合口味的蔬菜佐餐，可真煞費苦心，經常開車到處去找，遠赴鄉間農家，哪怕是一小塊菜圃都不放過，只要是葉菜類，哪管它又乾又瘦似營養不良都給買下來，挖空心思將能曬乾的做成菜乾，不能的則把它醃製成一大缸的泡菜，更收購蘿蔔葉製成雪裡紅，想盡辦法來滿足同仁的胃。

有次開車經過一處渠道，一塊菜園內長有埃及罕見的竹子，大約才二十幾棵吧，趕忙下車查看，喜出望外看到才冒出土的幾個竹筍，趕忙找到這竹子的主人，要買他的那幾個竹筍，未料竟被拒絕了，說是這還未長成竹子，買回去不能種又不能用，搞不懂我這老外要它幹嘛？磨了半天才以一百鎊的價錢全數收購，總共有十來個吧，這當然沒告訴他這玩意能做菜、能下胃。

可想而知在我驅車離去後，那老埃一定在爆笑，外國佬還真奇怪，他們視之沒用的竹芽，居然高價全給賣出去了，這筆錢可是一個家庭一個月的收入，平白賺了一筆。

買了十來個竹筍，感覺上是貴了點，但想到同仁能在異國吃到新鮮的竹筍，那份驚奇絕對值得，當晚每桌一盤筍片炒豬肉，雖然筍片少肉多，大夥還是吃得不亦樂乎，還直呼過癮，由此可見身在異國，適合國人的蔬菜類是多麼缺乏了。

幸而在那位廚師匠心巧手下，能在有限的菜類中變化出多樣菜色來，但適合國人的青菜畢竟還是有限，想想終究不是長久之計，何不自己來種些青菜。

種菜在四季如春的寶島是小事一件，有塊地就能種出各類蔬菜，但在這靠近地中海邊緣的沙灘地，全不是那一碼子事，天氣酷熱雨量少，尤其靠海的沙礫中所含鹽份特多，放眼所見全是不毛之地，連一小枝野草都沒，種得出菜來才怪。

水是沒問題，駐地內自設有水塔，菜籽可請返台休假的同仁帶回，營區旁有的是空地，不愁無地可用。問題是沙地鹽份太重，不適合種菜，唯有效法愚公移山的精神，展開工程浩大的換土，到鄉村中找到民間的農地，買回幾車泥土及整車的牲畜糞便，一鏟鏟拌合好將沙地換成泥地，四周挖出排水溝，終於有了自己的菜園。

當時的廚師對種菜內行，靠近海岸風沙大加上氣溫高，他在四周用蘆葦編成圍籬，防止風沙侵入，播下菜籽後，在菜圃上又蓋上多層棕櫚樹葉，防烈日曝曬及保持水份濕度。每天就看他早晚拿著水管澆水，沒多久菜園還真冒出了菜苗，在他細心呵護之下，沙漠中的菜園很快就長滿了一畦畦綠油油的各類青菜。

可想而知第一次收成，讓久居異國的同仁吃到家鄉味的新鮮蔬菜，更感到格外的香甜可口，這段日子每天都可享用到各類青菜，也為我這負責辦伙食的，解決了無處購買蔬菜的困擾。

從沙漠成功種值蔬菜後，自用外還供應開羅辦事處，但好景不常，廚師屆齡奉令退休，這菜園就交給我這外行的總管，雖然是依樣畫葫蘆，照樣播種、澆水、施肥，不知是季節不對還是哪出了問題，種下的蔬菜只長根莖不長

葉，就拿那空心菜來說吧，一夜之間，菜莖可橫長出一公尺多，菜園內密密麻麻全是空心菜莖，找不到幾片菜葉也罷，至少那嫩莖也可以用吧，但問題是長得快也老得快，根本無法做菜。

更妙的是那青江菜，不長菜葉只管開花，菜園一夕成了一片黃色花園，令人啼笑皆非。由於外行，施肥時曾失手把尿素撒上了菜葉，沒幾天就功成身退黑枯身亡了。

還有一次播下了菜籽，算算時間該冒芽了，掀開蓋在其上的棕櫚葉，菜畦內只稀稀疏疏冒出三、五棵菜苗，想是時間未到吧。這又等了兩天，卻在四周的圍籬邊密密麻麻冒出一大堆的菜芽，這才發現圍籬下，早成為螞蟻的大本營，撒下的菜籽全被它們大搬家，移到圍籬下螞蟻窩去了，大概是想當作儲備糧吧。

另一次下了場暴雨，又碰上大潮，尼羅河上流河水暴漲，導致低窪地區的營區全被淹在水中，可想幾個月辛勤的菜園，全泡了湯付諸於流水，除了淹水，暴風沙更是常光臨，雖然圍有圍籬，但風沙一來，菜園上絕對是厚厚一層黃沙，只剩下生命力特強的幾株，伸出頭奄奄一息。

有了幾次失敗累積下的經驗，慢慢也種出了點心得，菜園又回復了往日的風采，從冬春的小白菜、菠菜、茼蒿、芫荽、空心菜，至適夏秋的莧菜、絲瓜、苦瓜，一年到頭的青江菜、芥藍菜、介藍，乃至於蕃茄、青椒、朝天椒等，艷紅翠綠的菜園在沙漠中更顯得鮮豔奪目，菜園不但自供自足，多出來還能分送給開羅的同仁共享。

除了種菜，也曾自醃過鹹鴨蛋，鹹蛋做法很簡單，只

要將鴨蛋泡在適量的鹽水中一個多月，就可成為鹹鴨蛋。難的是埃及人不吃鴨蛋，只把鴨蛋當寶留著孵小鴨，市場上看不到鴨蛋，甭說是要買到了。在這又找不到養鴨場，想買鴨蛋還真不容易，為了找鴨蛋煞費苦心到鄉間找養鴨的，雖只有兩三戶養幾隻鴨子，就一粒一粒的收購。往往一天下來，也不過買到十來個鴨蛋而已，總得耗上好些時日，才湊得夠開始醃製，若趕上幾場大趕集，則很快就可買足數量。

每逢趕集就見一位老外，擠身在人群中專收購鴨蛋，小販們看我買這麼多鴨蛋，都相當好奇，以為是拿去孵小鴨開養鴨場呢，告訴他們是買來吃竟沒人相信。

鹹蛋的做法並不難，但若鹽的比例不對或用生水，其結果可就完全不一樣。有一次因事要赴開羅幾天，把這醃鹹蛋的工作交給廚房的埃及小工醃製，還特別交待清楚，先將蛋洗乾淨，一個個擺在醃缸內，加上燒開後放涼的鹽水加蓋密封。

一個月後蓋子一開，一股衝鼻的臭氣直冒而出，百來粒鴨蛋全都壞了，可能是他用生鹽水，或是沒等鹽水冷透，就把水倒進去，也許是鹽放少了，反正是前功盡棄，成了一缸臭蛋。

老實說在羅西塔，別的種沒留下，但這屬東方口味的鹹鴨蛋做法，倒傳授給他們，如果有機會到埃及這偏遠小市，看到有屬東方人的蔬菜或鹹鴨蛋，毫無疑問那絕對是我們留下的種。🐾

第

7

章

別被迷惑

迷湯一灌就把涉世未深的女性，耍得團團轉

自接觸到埃及這個國家，接觸到埃及有關的人與事，更有機會接觸到正陷入情網，甚至與埃及人結婚、生下子女的女性朋友。據個人所知，多半結局都是惡夢一場，有幾位還落得人財兩失、悲痛欲絕的下場。別誤會因個人曾有過悲傷婚姻，而對埃及人有所偏見，而是個人多年的觀察，對在憧憬中還未涉入的女性，提出別被矇騙的忠告。

埃及人本性就很熱情，對外國人更處處表現讓人搞不清楚其真誠性，而在沒有戒心下陷入其熱情中，尤其是涉世未深的女性，從踏上埃及就已迷失在夢幻中的土地，如再碰到一個埃及熱情的男性，憑著他那能言善道、三寸不爛的口舌，一丁點甜言蜜語及熱情的動作，就能把台灣女性唬得團團轉，以為在千里迢迢的埃及，尋到夢寐中的白馬王子，未加深思而陷入不可自拔的憧憬中。

事實上埃及人善於交際，打從小就在樂天知命的環境中生長，平常沒啥消遣娛樂，最多是從傳播媒體接受一些以幽默搞笑為主的節目，在埃及公共場所、茶館或家庭中，看電視就不時聽見他們開懷大笑，久之在耳濡目染下，埃及人都具有幽默感及口若懸河的口才。

服務業及導遊業中外語是必備的條件，而中文導遊也很多，幾乎都到大陸去學習過中文，多少也了解中國人

的習性。因職業性質擁有對古埃及口若懸河的專業知識，本就容易引起女性崇拜，身體灑上為掩蓋異味而討人喜歡的古龍水，在敏銳時機對女性來幾句讚美體貼的言詞，大多單身女性都會對他產生好感，從好感而轉成愛慕而不自覺。短暫的相處雖無爆出激烈的火花，但那種若即若離的感覺，卻在返國後更令人朝思暮想，寧可辭掉現有的工作或事業，踏上埃及去會那夢中情人。

因不了解對方家庭及婚姻狀況，只是盲目崇拜與愛慕，埃及男性一般都早婚，碰到有良知的會告知實情，雖然是隨興而去、敗興而歸而至夢幻泡影，但至少還可保住全身而退，如碰到存心不良者，倒楣的是千里迢迢又自己送上門的，落得折翼而歸。

如碰到確實未婚也表示有愛慕之意的，奉勸還是先別樂在其中，因異國人很難理解他腦袋中真正所想，也許是虛情假意，迷湯一灌就把涉世未深的女性，耍得團團轉而誤入其中。

即使抱著嫁雞隨雞的心態，心甘情願嫁為人婦，但心理上也必須有所準備，在開羅的埃及人百分之七十是外來者，很多是由貧窮的村落來討生活，落腳在開羅只是租屋暫居，萬一婚後必須回到夫家，村落的生活水準與都市相隔千里，有些地區連水電設施還沒有，仍然停留在半原始生活中，短暫的還能逆來順受，時日一長恐就無法繼續忍受。

埃及人雖本性熱情，但對於不管男或女的異國人，一旦侵入到他們的家族中即遭到排斥，尤其女性之間更為嚴重，未受過教育及未見過世面的，妒嫉心來得特別重。在

傳統包頭巾少婦

人地生疏，又不熟悉他們的教義與文化，動不動就以他們自以為是的規範來壓制，生活在那種環境中，必須隨時去應付意想不到的狀況。

　　X小姐在他國求學時期認識一位埃及人，結婚時還轟動一時，國際媒體爭相報導，婚後生了一個男孩，畢業後隨夫回到埃及，才發現不是那碼子事。公寓豪宅全變了樣，成了無水無電的偏僻部落，在這生第二胎時，連接生婆都沒有，只靠左鄰右舍的婦人幫忙，產後更沒有坐月子那套，第二天照常打理家務，生活貧苦尚可忍，但面對其家族的冷嘲熱諷，導致精神快崩潰。後來，X小姐以孩子要受教育為由，要求搬遷到開羅，夫婿倒是爽快答應，附帶條件由女方出資購置房屋，經娘家匯款給X小姐在開羅買了間公寓，算是脫離了苦不堪言的環境。雖大多數經濟

　　來源靠娘家接濟，但Ｘ小姐也因精通多國語言，找到一份收入微薄的工作，生活平淡但還算安定。

　　無奈是夫婿卻與隔壁的寡婦勾搭上，還明目張膽帶進門，完全沒把Ｘ小姐放在眼內，吵、鬧解決不了問題，心灰意冷下帶著兩個孩子離開埃及，其後夫婿癌症過世，房子則明正言順變為那寡婦的遺產。雖並非嫁給埃及人的都如Ｘ小姐，但悲劇收場的機率要比其他異國婚姻來得多，雖然也有過著美滿生活的家庭，相對的，也付出相當高的代價。∞

嚴刑峻法

強姦犯不見得會被處刑，反而是被害女性因

伊斯蘭教為國教的國家，對非婚姻男女通姦或強姦，律法都極為嚴峻，處刑分為槍決、絞刑、斬首、及亂石砸死，據聞要是由部落酋長判決的，均以由民眾拿磚頭、石塊將人犯活活砸死為多，以人道而言此刑最為殘酷。

中東國家男女通姦處刑，並非只針對一般百姓，王族中如犯同樣罪均以「王子犯法與庶民同罪」，遵循其法規處以死刑。曾轟動全球的兩件案例：1978年沙烏地哈立德國王的王兄阿布拉吉茲親王孫女米夏公主，因違反王室法紀擅自下嫁平民，以通姦罪在市集上公開槍決處死，他的平民丈夫則同時被斬首。

1980年在沙烏地的吉達，再次公開處置王族成員，被處死的是國王其中一個女兒，因通姦罪被判用石塊擊斃，在同一廣場情夫則被執行砍頭，後還拍成電影，印象中片名譯為「公主之死」。

以強姦罪來說，名為保障婦女安全，但從律法中的強姦，卻必須有四個成年目擊證人，經指證才可以定罪，如果沒有四個目擊證人指證，強姦犯不見得會被處刑，反而是被害女性因通姦被判處重刑。再者對強姦犯也非一視同仁，穆斯林男子不可以強姦教內婦女，但卻可以強姦教外女子，尤其是對受僱的外傭，在他們認定女傭就是女奴，

女奴就可任其作為洩慾工具而不得抗拒，很多東南亞的女性受僱到中東國家幫傭，在遭受到雇主的強暴後卻投訴無門，因這種行為在埃及、沙烏地阿拉伯等幾個中東國家是合法的。

在沙烏地曾有菲傭抗拒雇主逼姦而殺了雇主，結果仍被判決處斬首；另發生在奈及利亞的一個案例，外籍婦人被強姦而懷孕，男的全身而退逍遙法外，女的卻被判處亂石砸死。

再者是戰場被擄獲的女戰俘及女性家屬，就可以強暴而不觸犯法規，之前美軍在伊拉克被俘的女兵，獲救後曾

親述受到伊拉克士兵強暴。

在部落中還存在一個奇特的部落法則，即使女性是被強姦，但還是視為有玷辱家門，而讓家族蒙羞及受到岐視，為了清除污點恢復家族的名譽，訂有一項名為「榮譽死刑」，所謂榮譽死刑就是被害人以死來表示清白。

很矛盾的是有些律法，好像只針對女性及教外人士而定，就以強姦犯來說，只要有四個目擊證人就可以脫罪，但既認定為非強姦，照律法則應算是通姦，而通姦者一律處死，又如何能逍遙法外？尤其可對教外女性施暴而定為合法性，更令人不可思議。

1978年間在沙烏地阿拉伯期間，有多次處決強暴犯，筆者雖在當地但未目睹處決過程，後經見到全程的同仁描述，見到吉達皇后大道的廣場上，圍了很多民眾，好奇之下也擠進去看，民眾都很自律安靜圍成一圈，幾位全副武裝的沙國警察，從警車架出一名腿軟腳軟的人犯站到場中央。兩名警察架著人犯站在一塊類似木砧板前，警察先宣讀應是人犯罪行及判決之類的文件，然後執刑者右手提阿拉伯彎刀，左手從犯人褲檔中抓出犯罪工具，一刀先切斷他的命根子，人犯嚎叫聲未了又見劊子手彎刀一揮，人犯首級應聲落地。∽

神祕面紗

用面紗一蒙，卻不讓人看到化妝後的美艷

六〇年間在沙烏地阿拉伯，所見到女性除一身長袍外，每一位臉部都蒙上一層面紗，讓外人完全看不到廬山真面目，而感到阿拉伯女性神祕莫測。

阿拉伯婦女戴面紗，是依伊斯蘭教教義規定，婦女穿長袍、戴面紗，是遮住所謂的「羞體」。

面紗分為全遮與半遮：全遮是用厚布縫製成頭套，從頭至肩一體成形，僅留下眼睛部位兩個小孔，只要往頭上一罩，把頭至肩全部遮住，讓外人完全窺視不到其五官，一體成型頭罩式在阿富汗、沙烏地、伊朗等地較為廣泛；半遮式則能露出雙眼，其他部位全遮蓋住。

在阿拉伯國家，蒙面的女性卻是化妝品店最大的主顧，花了大把銀子買化粧品，精心把自己化得美美的，顯示她們也有強烈的愛美慾望；但化好妝卻又用面紗一蒙，不讓人看到化妝後的美艷，美是供別人欣賞，得到讚美才是美。但穆斯林教規的教誨「不要向外人展示美艷」，以免引起男人的慾念，如此對女性歧視，把男人的慾念歸罪於女人的美艷，實在是不合理。

其實不戴面沙的阿拉伯女性，面貌都長得不錯，五官輪廓分明，肌膚雪白，長長的睫毛，烏溜溜的大眼珠，有棕、有淡藍或黑色，加上高挺的鼻梁，櫻桃小嘴，無論從哪個角度去欣賞，都讓人驚艷不已。

「埃及面紗」電視台公佈之實景

　　過去埃及女性在教條下，稱之為「戴面紗保障婦女的安全」，女性必須蒙上面紗及包紮頭巾，嚴禁她們在公共場所單獨露面。1920年因受到西方之影響，才允許女性有選擇不蒙面之自由，埃及婦女才漸漸褪下那層面紗，展露出女性的真面貌，逐漸走出家庭步入職場，甚至任職政府高官及國會，享受到男女平等之待遇。實際上部分家庭仍因對教義的執著，堅持女性外出仍需裹上頭巾，但比起其他的阿拉伯國家，埃及女性確實已開放很多，至今除了貝都恩婦女為傳承上一世紀風俗，還是戴著面紗外，埃及已見不到蒙面紗的婦女。

　　但一個稱為「面紗電視台」在埃及正式成立，簡稱「瑪利亞」的衛星頻道，從節目主持人到製作人、節目策劃

都由戴著面紗的女性擔任，依伊斯蘭教規，婦女要蒙得嚴嚴實實，連眼睛都不露出，但為了方便工作，電視台職員可以露出眼睛。面紗電視台的收視對象，鎖定阿拉伯女性群體，為虔誠的回教女性提供時訊、生活的服務，幫助她們增長見識，開闊胸懷，好好地面對人生和社會。在其他阿拉伯國家也有專門針對女性的衛星電視台，主播都不戴面紗，走的是化妝後的美女主持。

　　但開辦「面紗電視台」卻是為了糾正回這種不正之風，真搞不懂很多回教國家逐漸開放婦女有不蒙面紗的自由，而最早開放的埃及卻走上回頭路。◇

埃及烤羊

肥嫩的羔羊除去頭腳，掏空內臟，塞滿調味料

埃及人在食用肉類中，對－哈露【羊】特別偏好，因在他們認知中，羊肉對人體益處很多。事實上羊肉含有豐富的蛋白質和維生素B1及B2，且含有鈣、銅、鐵、鋅、葉酸、磷等多種礦物質的成分，其中以銅和鋅的含量遠超過其他肉類。羊肉可助補脾胃，增加身體熱量而達到禦寒效用，據說對男性還具有補精及壯陽等功能。

一般人擔心肉類含膽固醇過高，但羊肉在所有肉類中含的膽固醇量為最低，以100毫克不同肉類的檢驗，雞肉含膽固醇117毫克，牛肉106毫克，兔肉83毫克，鴨肉80毫克，豬肉77毫克，羊肉則只有65毫克。

埃及人對羊肉的烹調，不外是烤全羊、烤羊排、煎羊肉、羊肉末麵、羊肉餡餅、燜羊肉塊、串烤羊肉、煎羊肝等。

烤全羊是把肥嫩的羔羊除去頭去腳，掏空內臟，塞滿調味好的米、葡萄乾等多種乾果，整隻放在火上烤，當空氣中傳來陣陣香味，即表示羊肉已熟透。主人招呼大夥席地而坐，以鐵盤裝上整塊羊肉，及熱騰騰的米食，食者以利刃切下肉片，取一些米食用手捏成一團，一口口送進嘴中食之。

一般百姓的調理，則將羊肉切成塊狀，用炭火烤的－卡巴，此種為原汁原味未經調味料醃漬，吃用時再灑上細

鹽,鮮嫩及口感極佳。

另一種是將羊肉絞碎,調以大茴香、小茴香、荳蔻、洋蔥等阿拉伯的佐料,捏成如熱狗般大小,再以鐵條串成肉串烤之的,稱之為－嘘嘘卡巴,吃這種配上大餅及羅勒菜,別有一番風味。

埃及臨街的餐廳外,常見用不銹鋼打造成用電或瓦斯烤肉架,醃過的羊肉用鐵柱串成一大坨,垂直架在烤肉架上不停轉動,文火將最外層羊肉烤熟,用刀削下肉片,搭配酸黃瓜及其他配料夾在－扣貝斯【大餅】內、稱之為－閃多司,如改用麵包則稱之－沙威瑪。

在埃及吃過多種羊肉烹調,從未見過類似羊肉爐或火鍋之料理,雖然他們羊肉調理簡單,但絕對不會掛羊頭賣狗肉,保證貨真價實,其肉質鮮嫩度及水份即令人回味無窮。在埃及吃羊肉是最大的享受,尤其沒有那股令人難以下嚥、重重的羊騷味。🐎

行有行規

血淋淋的牛羊，肌肉還在抽筋似的抽動

在城市或鄉間市場，常見到小小一間店面，店外用鐵勾懸吊著四、五隻剝光了皮還血淋淋的整隻牛羊，可別誤會這是屠宰場，其實這只是間零售肉販店。

回教國家所有牛羊，在宰殺前都必須經過寺長或長老主持的儀式，才能放血宰殺，然後整隻剝去外皮，清除內臟再去頭去腳，肉販將批售回來的牛羊，整隻就用鐵勾懸吊在店外，常見到懸掛著血淋淋的牛羊，整片肌肉還在抽筋似的抽動，初見到那場景還真令人觸目驚心。

購買者指定所需部位，肉販大刀一割，用天平稱出重量，再用那舊報紙一包，便完成之交易，在那可沒切絲或剁塊的服務。

行有行規，阿拉伯肉販有不成文的規定，賣肉的只管賣肉，其他頭、腳、尾及內臟另有專售店，各賺各的絕不侵犯到別家的權益。在埃及一條重達四至五公斤的牛尾，售價在新台幣一百元左右，便宜加上肉質新鮮，每次就買它二、三條，加上帶去的配料，紅燒或清燉，再設法弄上兩瓶美酒，三五好友圍成一圈大打牙祭，是身在異國唯一的最大享受。

埃及人多數是信奉伊斯蘭教，肉販多數以販售牛羊肉為主，但在開羅、亞歷山大城等大城市，有異教徒存在

之地則有豬肉出售。賣豬肉的攤販都藏身在小巷或市場一角，盡量不在回教徒交易的地方混雜，埃及的豬隻體型都很瘦小，只有迷你豬般大小。

　　豬，很多人對回教不吃豬肉的說法很多，可說是眾說紛紜，最離譜的傳言：穆聖因逃避敵人追殺，曾藏身在豬群中逃過一劫，後為報恩而禁食豬肉，其傳說是無稽之談毫無事實依據。

　　其實回教不吃豬肉，純粹針對衛生而言，過去的養豬業者放逐豬隻於大街小巷，任其在垃圾堆中覓食，難免會吃到腐壞及不潔的物品，因而會培養出病菌，加上豬吃飽睡、睡飽吃的本性，他們則認為吃豬肉會傳染病菌及感染到其習性，而不食豬肉。翻開《舊約聖經》，基督教也曾記載禁止食用對人體有害的豬肉，可能是回教信仰較為執著，除此絕無他故。

雞在埃及也是主要肉食類，一般在城市的賣場出售的是進口處理乾淨，去除頭、腳、內臟的冷凍肉雞。傳統市場也出售現宰雞隻，割喉後的雞在有電的地方，則使用類似脫水機型狀的脫毛機，將雞丟入沒兩分鐘，一隻白白淨淨、光溜溜退除雞毛的雞就呈現在眼前。這類現殺的販售店，宰殺後雞腳連同雞毛就丟在一旁，雞毛還有人收購，阿拉伯人對雞腳可沒興趣，雞腳就當垃圾丟棄，可能是不知雞腳可烹調出美味佳餚吧，故都拋棄沒人要。與他們混熟後，每次去買雞肉，就跟老闆要那雞腳，每回都可裝上好幾公斤，拿回去用醬料一滷，或做成豆鼓鳳爪甚至熬湯，都吃得不亦樂乎。

　　鄉村、部落也有現殺現賣，只見雞販將那雞頭用快刀一剁，隨手將雞投入塑膠類燒溶成漿液的鍋內，等雞身沾滿溶膠，撈出很快連膠帶毛拔除。

　　有次到鄉間作客，主人親自宰殺自養的雞來款待，不知是光線不足，還是故意留下，擺上去頭去腳的全雞，那身上殘留的雞毛清楚可見，隨手都能拔出一小撮，看到這一道毛雞，連自己身上的雞皮疙瘩全都豎起來，這還能吃嗎？只有視毛而不敢啃雞了。🔖

沙漠之舟

與一般動物相同，但奔跑時卻出現奇特的步伐

在沙漠地區及古蹟區，最常見一群人牽著駱駝招攬觀光客騎駱駝的生意，對千里迢迢來到這觀光客而言，難免都會想體驗一下在沙漠騎駱駝的感覺。然而埃及政府對招攬騎駱駝業卻未定下統一的管理辦法，而駱駝業者更無自律法則，故對一生中只來一次的觀光客，除漫天開價外在時間上也大打折扣，即使雙方談妥了價錢，那只是騙人的伎倆。等騎上了駱駝背逛完一圈，卻要小費才放人下駝峰；又騎完駱駝難免會照張相留為紀念，只要是鏡頭帶有駱駝又得付費。在言語難溝通的情況下，一般都忍氣吞聲花小錢了事，而養成他們的慣例，但這些行徑都讓觀光客留下惡劣的印象。

埃及早期並無駱駝，係波斯人於第六世紀入侵埃及時引進，位於開羅市郊－因巴巴，係埃及最大的駱駝市集，有數百至上千頭的駱駝在此待價而沽。駱駝則部分來自上埃及，或遠從蘇丹長途跋涉來此拍賣，拍賣的駱駝分為載運用與供食用兩類，過去販賣駱駝有相當高的利潤，故飼養的人都很有錢，甚至擁有成千上萬頭的駱駝。自1930年埃及人從蘇丹買到更便宜肉食駱駝後，使駱駝市場的價格大亂而至慘跌，依食用、載運而定，每頭約新台幣一萬五千元到七萬元之間。

我要騎著小毛驢、我要
去趕集

　　駱駝最早出現在北非、阿拉伯半島，從考古學家挖
掘出來的骨頭證實，約五、六千年前駱駝即已存在。當時
駱駝都是野生，牠們生存在半貧瘠的山谷及旱谷中，以荊
棘、乾植物及其他哺乳動物所不能吃的耐鹽植物維生。

　　阿拉伯半島原住民很早就已捕獲到野生駱駝，他們馴
服了駱駝，考古學家在那也挖到海牛的遺骨，表示這些原
住民曾靠海為生。當他們捕捉到野生駱駝，馴服並學會了
駕御，進而運用駱駝作為載運工具，跨出遊牧民族的第一
步，走出了阿拉伯半島。這些原以海為生的原住民，自轉
變成陸地生活後，將慣用的名詞應用到新的方式上，將駱
駝稱之為──「沙漠之舟」。

　　駱駝分為單峰駱駝及雙峰駱駝。單峰駱駝在非洲與
阿拉伯區，在亞洲的則是雙峰駱駝，至於為什麼會有雙峰
和單峰駱駝？這應是演化的結果，除此很難找出正確的理

由。埃及駱駝屬單峰，牠的特徵是頭、頸長，尾巴短，體毛短而柔，毛色為棕色或灰色，唯有頭頂、頸、喉、臀及尾部的毛則較長；單峰駱駝的身體輕，四肢長，而能讓身體遠離地面，腹部氣溫能比地面氣溫涼爽攝氏十度左右；駱駝沒有蹄只有兩根腳趾，兩根腳趾末端具有趾爪，駱駝腳掌比馬蹄還要寬大，堅韌粗糙的腳掌，加上又厚又寬的肉墊，行走中能耐受灼熱的沙，且不會陷入沙中。駱駝胸部及膝部長有一塊角質的硬墊，在跪　時支　身體，駱駝經得起長途跋涉，單峰駱駝每小時可行進六十五公里，若是承載一百七十到二百七十公斤重物，一天可走四十七公里，平均每小時七公里。在正常行進時，四肢移動與一般動物相同，但奔跑時卻出現奇特的步伐，會以同邊前後兩肢同時移動，到牠軀體左右擺晃動的滑稽模樣，令人忍不住捧腹大笑。

　　駱駝的視覺及嗅覺都很敏銳，眼眶有兩排密又長的眼睫毛保護眼睛，遇上沙暴則閉上雙眼，眼皮可左右移動將沙清除，阻止風沙進入眼睛，而已閉上的那層薄眼皮，還是能看見四周景物。❧

黃金傳奇

視金如命，喜歡全戴在身上，再貧再窮在

路過開羅或亞歷山大城的金飾街，整條街開的全是金飾店，以埃及箸名的金飾店與國內金飾店相比較，只是少了富麗堂皇的裝璜及耀眼的燈光；但每家都雇有荷槍實彈的保全人員，任何時間任何一家總有好幾位在挑選金飾的婦人，印象中未見過金飾店內空蕩蕩。

步入較大的金飾店，觸目所見全是金光閃閃的金飾品，就以同一款式金項鍊來說，可不是一條條鋪展在玻璃櫃，而是整把整把的掛在牆上，單看那整面牆上金光閃閃、密密麻麻的項鍊就夠驚人。項鍊還不夠看，一般金手環也整串穿在圓桿掛在架上，如非親眼所見真不相信那是真金的，因太像國內批發廉價的吊掛飾品店。

擺設在玻璃櫃內的則是價值不菲，鑲上鑽石、寶石的戒子，貴重及進口的金牌、耳環品類。在阿拉伯國家除了純金幣以外，所有的金飾全都是K金打造，以24K最受歡迎，外來金飾物則廣受婦女喜愛，但其價格比埃及本土打造的金飾貴很多。阿拉伯婦女視金如命，而且都喜歡全都戴在身上，再貧再窮在她身上也可以找出好幾件金飾，有錢的婦人更別說了，光看戴在身上的夠可觀了，脖子上掛上三、四條金項鍊及大塊精美的金牌，手腕上套上十幾個金手環，十個指頭有七、八個戒子，加上耳環，誇張一點來說，少說也有好幾斤的金飾在身上。

有圖為證這還算少的

埃及人自古就喜愛黃金，相傳是與太陽有關，因它象徵著陽光永恆的光芒，而且黃金歷久不會變色又價值不菲，擁有黃金製飾品即代表財富及身分地位。

古埃及曾是世界上黃金最大的產地，尼羅河與紅海之間的東部沙漠山區及乾河深谷、南部的努比亞都是金礦重要產地。當時古埃及人純以人工開採金礦，黃金年產量四百五十多公斤，產量佔世界之冠，當時埃及以黃金換取缺乏的木材、象牙、銅、鐵等金屬原料，法老更以黃金來拉攏邦交國，而被稱為黃金外交，至十八王朝末期黃金開採殆盡。

二十世紀歐美等國，還企圖到埃及尋找新的礦源，或從開採過的礦區找尋剩餘的黃金卻一無所獲，可見當年開採之範圍及動用人數之規模有多大了。

1797年拿破崙佔領埃及後，掀起歐洲國家的埃及熱，一些具考古價值易於運送的古文物，相繼被各國派駐的外交官，以廉價向盜墓者收購而運往各地，尤其陵寢中小件的陪葬物鑲有寶石的黃金飾品、徽章等藝術品最為搶手。但一些無知的盜墓者為易於脫手，將原本價值連城的黃金首飾及藝術品融化，再以一般市場金價出售，目前埃及的本土金飾中，難免很多是幾千年前的金製品融化再重新打造，再想到埃及婦女身上戴滿叮叮噹噹的金飾，還真有點令人毛骨悚然、不寒而慄的感覺。

羅西塔碑

博物館展示的羅西塔碑，並不是真品

古埃及是最早步入文明社會的民族，世界文明史也多從古埃及開始談起，雖然儘管古埃及人在神廟與墓室等牆上，用象形文字記載下其歷史，但這些圖騰和印記，後人卻無人看得懂，更遑論知其涵意了，反而這些鮮豔顏色、生動活潑的線條及圖形符號，卻被歐洲人拿來當成建築物的藝術裝飾。

根據學者的說法，古埃及人將象形文字刻在神廟與墓室及石碑上，記述他們的歷史，但埃及歷經劫難，中間又淹沒在沙漠中一千多年，象形文的讀法早已失傳。西元前30年羅馬佔領埃及後，學者就希望揭開古埃及神祕文字，然屢屢不得其門而入，象形文就成了不解之謎，甚至曾被認定已是無法解讀的文字。

西元1798年拿破崙入侵埃及，隨軍帶了一百六十多位學者專家，這些學者散佈在埃及各地，從事記錄古代民情風俗及一切事務。隔年拿破崙士兵在尼羅河出口的羅西塔（Rosetta）修築要塞，在拆除一面舊牆時，露出了一塊長約一百一十公分，寬約七十三公分，厚約二十八公分的黑玄武石。

石碑被送到亞歷山大城，一位將軍隨即將希臘文翻譯出來，內容是西元前197年，埃及孟斐斯城的僧侶，歌功頌德十五王朝托勒密國王的一封感激信。事因在他登上國王

寶座後，取消了僧侶欠繳的稅款，還為神廟開闢了財源，更對神廟採取特殊的保護，給僧侶們帶來了一連串的優惠及好處，而贏得了僧侶們的敬仰，僧侶就寫了一封感激信，並將兩種文字、三種字體刻在黑色玄武岩碑石上。

　　但也有另一版本說法，石碑是統治者希臘國王托勒密五世下的一道詔書，但依個人推斷後者較不合邏輯。國王的詔書絕非一件，如須刻在石碑上，豈不是遍及埃及都應有類似詔書之石碑，早應被發現，也早就破解了象形文字。故以當時的時空背景，僧侶精通石雕也慣用象形文字，故而出自僧侶感激信較為合理化。

　　由於十六世紀以來，學者試圖破解象形文都未成功，而此碑上的兩種文字、三種字體，分別為古埃及象形文、世俗通用文及古希臘文；因而又引起學者專家濃厚的重視，英法兩國迅速取得複製石碑的拓片送回國內，都試圖藉此先一步破解古埃及象形文。

　　幸運的是希臘文和埃及通用文，在當時已被研究出唸法和意義，故中間那段也很快被翻譯出來，確定兩者均在敘述同一件事，由此推斷最上層的古埃及象形文，必定也與下面兩段同一內容。當時專家們認為要破解不難，只要相對比較，翻譯出象形文並非難事，若能釋解出石碑上象形文，就能破解遍佈埃及各地的象形文字，更可解開古埃及神祕的面紗。

　　當複製的拓片送回英法兩國，兩國即展開文字破解之戰，雖然學者專家借助碑上的希臘文，領悟到通用文的涵義，卻找不到與象形文之間的關聯，看似簡單容易的工

國寶羅西塔石碑

作，花了十幾年仍然無法突破瓶頸，反而陷入傳統思維無法跳脫。

　　古埃及文字通稱為象形文，是世界上古老的語言之一，最早出現在西元前3000年，且沿用了三千四百年之久。至西元前四世紀托勒密王朝（西元前322年）末期，羅馬帝國統治埃及，讓古埃及文化受到了挑戰。西元三世紀又受到基督教為國教的影響，將象形文改為用希臘字母拼音。到了西元第七世紀阿拉伯人征服埃及，將阿拉伯文定為埃及官方語言。長達數千年的象形文又被阿拉伯文全部取代，至此古代文字、語言逐漸消失，徹底毀滅了人類最古老的古埃及文明。

　　象形文雖消失了一千多年，但在空白的十幾個世紀中，卻有人把它隨心所意的組合，成為建築物及藝術品上的圖騰，當時還風靡一時，但卻沒人理解其內容及涵意。

　　羅西塔石碑被發現後，很多學者們投入心血。1818年，英國的托馬斯獲得初步的突破，但用在全部釋解卻告失敗。直到1822年，一位年僅十四歲的法國少年－商博

良，注意到象形文是有規律的組合，許多符號被重複使用，以他的敏銳觀察求證，部分是表意符號，部分則用以拼音文字，他完成埃及字母與希臘字母對照表。有了這個對照表，終於在1922年，將羅西塔石碑的象形文全文翻譯，埃古神廟牆壁上的象形文也完全可解讀，釋解出遺留下的真正內容，而將古歷史重現於世人眼前，此時才真正完全解讀象形文字。自此一千多年令人茫然的埃及象形文終於被解開，更解開了古埃及五千多年的神祕面紗。

開羅博物館展示的國寶羅西塔碑，並不是真品，而是塊複製的贗品。當年法國軍隊發現羅西塔石碑後，法國學者立即做了拓片，送回法國研究；尼羅河之役，英國軍隊打敗了法國，法國在1802年向英國投降，由於是戰役中投降，英軍將法人所搜集的古物全數沒收，其中包括了羅西塔石碑；由於是解開象形文重要之物品，連夜把這塊石頭運回大英博物館，真正的羅西塔石碑，則成為大英博物館鎮館之寶。1999年，大英博物館為羅西塔石碑出土兩百週年舉辦特展，邀請埃及學者古物最高主席－葛巴剌共襄盛舉，然不但被葛巴剌拒絕參加，還要求英國應歸還羅西塔石碑。

因經常帶友人固定到金字塔區的莎草紙畫店選購紙畫，因而與店東成為沙地古，獲其贈送一張將姓名以象形文翻譯，寫在巴掌大小莎草紙上，且不管其本身價值，但這張薄薄的一張莎草紙片，卻是一份在埃及難得而珍貴的紀念品。&

無心插柳

母親有法國人血統，子女膚色各異，白棕各半

埃及民生物品中的米、麵粉及糖均採配售，米在市場上雖然也能買到，只是五公斤小包裝的糙米還經常缺貨，百多人的米用量大，以往都是一袋袋到處收購，接任後首要是尋求一勞永逸的方法，解決主糧來源。

打聽到員工中有兩姊妹，其父曾在羅西塔市府輾米廠任職，乃與助理登門拜訪，透過他與米廠負責人協調，許諾白米以每袋五十公斤裝，比批發價多十鎊的價格，無限量長期供應，雖然價錢較高還是比市面零售價低。

解決了主食來源，把難以下嚥的糙米換成了白米，再經由他的關係又解決了麵粉及糖的問題，甚至市面上找不到的物品，只要透過他莫無水到渠成。

在異國白天忙碌，時間很快渡過，下班後卻很難熬那短短的幾小時，同事們用毯子往餐桌一鋪，餐廳就成了二十幾人的麻將館，小輸小贏可打發一晚。個人對睹打從小就沒興趣，也沒那細胞故與我無緣，唯一的電視播的全是阿語節目，聽不懂外也實沒看頭，乒乓檯、撞球檯則全被一群泰勞霸佔，同時也受不了那吵雜聲。下班後那股寂寞還真讓人無所適從，偶爾去逛逛羅西塔，一小時就可走遍大街的市區，順道就到他家走走，請他教我些阿文應用語。

因常接觸逐漸了解到他家狀況，夫妻共育有七個子

國中女童赤腳上學

女,唯一傳種接代的排行老五,最小的女兒才七歲,長女及次女已出嫁,剩下一家七口全擠身在一間不到五坪的泥磚屋。進門是通往屋頂養家禽的樓梯,樓梯後從中分成左右是兩間沒門的臥房,及一小間廁所兼浴室。所謂臥室不到兩坪,只有一扇約半公尺見方的木窗,靠牆一張大木床,床側用木料拼拼湊湊釘成的衣櫃,另一面用木料鋪成的長條椅子,晚上則成為睡覺的床,放眼所見全是被褥及零亂的衣物,可以想像那空間是多窄小。

　　炊食則在樓梯下唯一的空間,以煤油爐燒飯煮菜,用餐就在臥房床上,廁所兼浴室沒門不說,蹲下要站起身子,兩肘鐵定會磨擦到兩壁。

　　身為一家之主原任職輾米廠,退休轉任米廠守夜工,月薪才六十埃鎊,養家活口就全靠這微薄收入,當初單位成立急需人手,委託羅西塔市府徵招,一級貧戶列入優先

錄用，三女艾瑟與四女艾瑪，即符合優先條件而錄取為臨時員工。

　　這家人窮歸窮，但認天由命，安分守己，父親忠厚老實，母親有法國人血統，故子女膚色各異，白棕各半彷彿兩個種族，氣質受母系影響，貴而不嬌平易待人，尤對我這外來客更顯熱情，雖每次拜訪只有小小一杯紅茶，但可以感受到那股溫馨，由於體恤這家生活貧窮，時而帶些食品登門或藉故留下十鎊二十鎊，出發點為幫助這貧困家庭。

　　有次看到其七歲的么女莎瑪，不停在搔頭抓癢，想是有皮膚病或長頭蝨，徵得她父母同意後，把她頭巾除下，發現果如所料，亂髮中全都是蝨子，教她用媒油噴灑再包上頭巾，而根治了她頭癢之苦，這一招就讓他們刮目相看。ଔ

當局者迷

身兼紅娘穿針引線，硬把閨女往狼口推

有天她父親邀我去亞歷山大城，因沒說啥事加上阿語還在鴨子聽雷的階段，情商阿語比我強的周君作陪。到了當日去接，他父親卻帶著艾瑟同行，去的是「蒙扎扎」夏宮，他父親幾次拉著周君先行，丟下我與艾瑟殿後，如不是外貌及膚色差異，我們倆還真像是對父女同遊。

旁觀者清，當事者迷，周君看出了端倪，感覺點違反常理，暗示還傻不隆東的我，這才茅塞頓開，阿拉伯人也會這套，製造機會讓我與她單獨相處，讓艾瑟陪伴在我身邊。

但在民情風俗不同，言語不能溝通，兩性不能單處，加上非同教不能聯姻等諸多問題之下，會爆出異國老少戀的火花才怪，故沒那意思，沒那念頭，存有的只是父執輩及同事之情。

艾瑟身高一百六十八公分左右，雖身穿傳統式長袍，卻罩不住身材曲線，肌膚雖不算太白，卻顯示健康之美，尤其是五官端正，輪廓分明，有著一雙烏溜溜的大眼珠，整體而言，雖不能比美埃及豔后，至少也可列入美女行例。

雖是後知後覺，但對艾瑟也確有一份好感，視為晚輩般對她關切，卻從未興起男女之情，因年齡比她大近三十

歲，與她父親也相差無幾，如有非份之想，那豈不是擺明有摧殘幼苗、老牛吃嫩草之嫌，萬一落得老不修之名，則會身敗名裂在異國。

而今不知她爸是哪條筋出了差錯，老眼昏花居然相中，頂上頭髮稀落，白髮比黑髮多，年齡更與他相差沒幾歲，唯一可取的是人雖有老態，唯有體格尚稱健壯，而起了應把稱兄道弟的異國佬招為女婿的念頭，居然還身兼紅娘穿針引線安排出遊，硬把閨女往狼口推，點燃那絲火苗，善意的讓我陷入「老牛吃嫩草」的不歸路。

老實說自己年將半百，引以為傲的是還頗有女人緣，把美眉還有一套，在台時交往的全是二十來歲的小妞，個個都是年輕貌美、婀娜多姿的美眉，常被水姑娘追到怕，

蒙扎扎皇宮出遊

電話接到手軟，每回接聽傳來那聲，嗲聲嗲氣「好想你喲，晚上來嘛，我等你喲」，聽了腿就軟。

美眉相約哪有不到之理，見面必先投懷送抱、卿卿我我一番，最多半小時，然後把你冷落一旁，望眼欲穿才來親熱幾分鐘，然後蜻蜓點水般又轉台去了，心裡雖嘔但坐檯費得照付，經常下定決心不再當冤大頭，然電話一接跑得比誰都快。

也誠心想找個老伴，攜手渡過晚年，但喜歡上的都叫我「阿伯」，個個離我三尺之遠，保持距離怕落狼口，但也有看上我的，但改成我叫她「阿姨」，皮老嫩肉的我，擔心過不了幾年要伺候「阿嬤」，而換我保持距離免入羊口。故多年來始終保持原則，老少配尚可湊合，少老配絕對不幹，至少還沒到饑不擇食地步，但尋尋覓覓數年、所遇到老少配她不肯，少老配我不願，而始終未能找到合適又對味的。

而今連夢都夢不到，由天上掉下的禮物，還是活生生、水噹噹的超級大禮物，由她爹親自把閨女送上門，這絕無拒人於千里之外的道理，豈不太不給面子，太煞風景，況且還是位異國含苞待放的大閨女，哪能忍心拒絕往外推，那就太不通人情，拒絕這檔子事我辦不到、不能做、更不想做。

雖曾把她當成晚輩，那也是情非得已，此時已是刻不容緩，心甘情願降為與她同輩，這絕不能辜負她爹的美意，怎能放棄這天賜良緣、一親芳澤的機會。&

滾瓜亂熟

沒過足癮半路就被喊『卡』，就通過了考試

原本從她父親那學些阿語，從出遊後他卻改教我背可蘭經，要我成為一名回教徒，依伊斯蘭教規，回教女性不能嫁給異教或無神論者，除一脈相傳的回教世家外，入回教要通過考試，經長老嚴格考驗，合格則發伊斯蘭教證書，才能成為正式回教徒。

為了贏得美人，又採用那套土法鍊鋼，死背爛唸，但只會發音卻不解其意又長的可蘭經，僅那篇「逼死你拉，阿拉汗門、阿拉欠」才短短十來句，不時就得在腦殼子中倒帶，反反覆覆背那繞口令般的經文，苦的是還要把它硬塞進腦袋瓜。

從小最怕就是背書，腦袋就跟它有仇似的，一腦不容二虎，連九九乘法都不接受，把硬填進去全給擠出來；為此，青竹炒肉絲，熱地烤雙膝，鐵尺燴掌心，牛扭小耳朵，雞撢貼肥臀，算盤溜膝片，指薑爆頭鮑，幾道家常小菜常撐得我皮開肉綻，尤其那道指薑爆頭鮑，每次都K得我滿頭包，得好幾天才能消化。

故見書就怕，見書就躲，避之三舍嫌太少，常見家父持雞毛撢想幫我搔癢，跟我玩接力，那棒子我絕不接，跑百米更不拿第二。

說也奇怪，自認腦力失調還帶有輕微痴呆，可是學起可蘭經還真帶勁，發揮默記的潛能，這可不是自誇，就看

她弟妹衝著我豎起大姆指朝我直嚷嚷－摸合罵匪【有頭無腦】，就知我這功力如何了，四篇不到百句的經文，三個月才九十幾天，居然不懂其意背得滾瓜亂熟。

皇天不負苦心人，背經總算過了她爹那關，在他帶領下直奔開羅，到了開羅位於「哈里里」最古的清真寺。應考的人還真不少，各國人種俱全，彷彿一場國際性考試，但東方人就我一個，辦好手續就等喚名應試，心想可不能丟咱中國人的臉。

好不容易輪到我，如臨刑場進入試場，考場就像法庭似的，三位長老高高在上坐在桌後，我與艾瑟她老爸站在正下方，中間那位長老就發問了，還沒聽懂他說啥，他爹倒搶先回答，接著長老要我背其中一篇經文，應該是緊張過度，沒聽懂他說的是哪一段，人就愣在那出不了聲，艾瑟他爹俯在我耳邊起了頭，這經文才像流水般脫口而出，那可還真夠標準！夠順暢！真夠溜！要不，那全文還未背到三分之一，中間那位長老示意停止，拿了張文件要我簽名，這就通過了測試，正式成為伊斯蘭教一份子。

接過那份才出爐的證書，心裡還在嘀咕，就這麼簡單的考試，全程不到三分鐘，經文背不到一半，還沒過足癮，糊裡糊塗就半路被「卡」！正式成了伊斯蘭教徒，還多了個回教徒的聖名「默罕默」。

自成為教徒後也曾認真想過，既入了教理該當個虔誠的教徒，可是艾瑟她爹卻沒當那回事，從未領我上教寺去參拜過，就連那參拜的過程也沒教，彷彿只是衝著那張紙，顧著把閨女往外推，急著抱個中埃混血外孫似的。

這絕無對伊斯蘭教有不敬之意，純以親歷應考忠實記載，那份證書保存至今，那可是我參加國際性般的應試，曾為國爭光的明證，唯一可留給後代子孫的傳家之寶，那怎能丟！

　　不過還是覺得當年，像被趕鴨子上架似的逼上梁山，也曾懷疑她父親當過籃球國手，要不那緊迫盯人的功夫，怎能發揮得如此淋漓盡致，讓我毫無招架之力。&

落日餘暉清真寺

節外生枝

想把姪女娶回當兒媳，卻半途殺出我這程咬金

打從開始頻跑她家，上司就掌握我一舉一動，可能認為我非回教徒，基本上沒資格就成不了事實，自己會知難而退，打退堂鼓，故保持靜待其變的態度。有的同事則表示支持，鼓勵及加油，等領到那張證書，上司才知道我來真的，事態立即變成嚴重了，打電話向辦事處報備，開羅接到這事，隨即表態強硬反對。如採柔性勸導也罷，居然是以出國是工作，不是來搞異國婚姻，況且是與異國人結婚，要先得到國內批准，甚至以遣送返台作為要脅，來阻止這椿婚姻。

打心裡就不服氣，啥年代了，出國又不是賣身，該做的從沒少做一件，算起來只有超量，既沒耽擱公事又公私分明，工作表現有目共睹，以工代職辦的是職員的事，薪資卻沒按職員給，甚至比第一線的還少，連加班的機會都沒有，這麼多委屈從未出過一句怨言，忍辱負重的憑著良心去做吃力不討好的總務，好在是同事讚多貶少。

我這就把事擱著，艾瑟她爹可沒閒著，居然去找了位律師，律師還真不含糊，三天後就通知說沒問題，找到地方可辦理，已約好時間與我面談。

半信半疑與艾瑟她爹坐著律師的車，一路上沒搞懂帶我去哪，等到了亞歷山大城一棟有警衛站崗的大樓，從車窗就看到庭院，旗桿上有面五星旗，這才知來到喊了數十

年「反攻大陸」及「反共抗俄」，敵對的中共大使館，這地方我能來嗎？

在軍中特種部隊十餘載，多次出特勤任務，幾次險為忠烈祠添一位冤魂，然都化險為夷全身而退，沒能為國捐軀，沒享那光宗耀祖的名號，而今卻自投羅網，那豈不是陰溝裡翻船，毀我忠心愛國一世的英名。

隨即告訴他們，這的－稀泥【中國人】與我是不同的稀泥，不能、也不可以入內，隨即請律師開車帶我離開。然阿拉伯人哪能了解，我這稀泥與那稀泥有啥不同，不都是同一種稀泥，同一膚色的稀泥，還直攆我下車。而我則堅持不下，在拉扯間館內步出一位六十來歲的稀泥，衝著我滿臉笑容，自我介紹是秘書，直說進來聊聊沒關係。

亞歷山大城豪宅林立

有道是見面三分情，雖不同國不同理念，畢竟同一種族，又是位長者邀請，再說當著兩位外人，而坐在內側艾瑟他爹又順勢推我下車，抱著家醜不可外揚的心態，勉為其難步入數十多年不相往來之地。老實說這秘書還真有長者風範，先說大使有事由他代表接見，隨即詢問何事需幫忙，可能看我支支吾吾啥話都不說，改用純正阿語與他倆交談，應該是把情況搞清楚懂了，即轉要我把資料留下，等大使回來再研商。

　　人雖在中共大使館內，戒心可沒解除，心想這資料怎能留，露了一手睜眼說瞎話的功夫，資料袋就擱在膝上，還直說沒帶，偏那不識相的律師，居然伸手想拿那紙袋，那場面還真尷尬，在拉扯之間即站起來告辭，頭也不回先往外走，連那杯擱在茶几上，還熱乎的茶都沒碰。

　　上了車我還未埋怨，艾瑟她爹與律師倒先發難了，直嘀咕怪我不留資料，怪我急忙要走，怪我故意放棄機會，怪我沒誠意等等。

　　用盡了能表達的方式，包括用手比出槍枝的模樣，口中還發出，砰！砰！砰！互擊的手式，總算讓他們搞懂了，這兩種－稀泥不是－傻低估【好朋友】，才讓他倆安靜下來。◎

大馬蜂窩

此事非同小可，牽涉到思想、政治

事過一個多月，接到國內深交的同事，寄來一份公文影印本，重點是說我：「結識當地女子準備結婚，屢勸不聽，又赴中共大使館接洽，有投共意圖等等。」此文經人二室呈到最高層，批示：「辦事處謹慎安撫，速藉機遣返處置。」

哈，這還真是大帽子一頂，笑話一椿，豬腦一堆。

重要的是，從中共大使館出來，想到此事非同小可，可能會牽涉到思想、政治的敏感，這事讓單位知道，扣上通匪的罪名，那可是吃不完兜著走！輕者遣送回台，從此斷絕出國的機會，重者押送回台，往情治單位一送，何年何日重見光明遙遙無期；就算最後證明思想純正，還我清白之身，但少說也得脫層皮，當時就越想越不妙，由於問心無愧，故一回到駐地，隨即把過程毫無保留向上司報告。

公務員到國外當個主管不容易，凡事都戰戰兢兢、小心翼翼，深怕有點閃失影響到自己的前途，為了保護自己的官位，撇清自己的立場，屬下有點風吹草動就往上報，我這可是大事一件，往上報可料想得到，也能理解。當年戒嚴時期，處處可見「匪諜自首，既往不咎」的標語，而我這事發生於民國七十五年初，而且是被誤導進入該地，於情於理不該會有這麼嚴重，大不了記大過一次。

萬萬沒想到這簍子捅大了，還捅了個大馬蜂窩，叮得滿頭包不說，嚴重是「有投共意圖」這幾個字。

　　說這是笑話一椿，豬腦一堆還真不為過，投共至少也得有點本錢吧，像我這種貨色去投共，拿啥投，既非政府要員或單位主管，手沒握機密文件資料，又非特殊科技專才，沒政治色彩背景，更沒掌管上兆上億公款，又沒一丁點宣傳價值，像這種俯拾皆是的三腳料，老共要你幹嘛！那又不是難民收容所，免費管吃管住，搞不好還被一腳給踹出來，免得浪費他們公糧，這可不是笑話一椿嗎？

　　再說投共後，他們會幫我風風光光娶妻，給我獨棟花園別墅，全套傢俱外帶車子，每月供我大把鈔票花用，任我遨遊列國，滿足我所有一切需求嗎？若是真的如此，也許還值得列入考慮，但擺明那是不可能的事，像天方夜譚般的神話，我哪會有投向落後、窮困、沒有自由、不談民主的共產國家的道理！

　　真不知那堆豬腦是用何種邏輯去思考，居然還幫我冠上「有投共意圖」的大帽子，這頂帽子不敢戴，也絕不能戴。

　　沒那事被扣上帽子，心裡那份委屈及氣憤更無法忍，且令人心灰意冷。婚不想結了，老婆也不想要了，此處不留人，自有留人處，大不了回台，但走也得要自己走，總比被送走好，自請返台至少證明思想純正，忠心愛國，故一心不如歸去。

　　走！得清清白白的走，冒著犯上也得把事搞清楚，拿了那張影印公文，氣沖沖質問主管，為何陷我於不義之

地。主管聽我義正嚴詞質問，再看那影印本也傻了眼，感到事還真嚴重了，忙解釋是他到開羅談到我去中共大使館的事，但絕沒有說過有投共意圖，要我即到開羅去申複。

到了辦事處找到上司，先遞上自請返台的報告，把過程再重複一遍，質問何來投共意圖，上司看我理直氣壯又氣概激昂，先要我冷靜下來，聽他說明。

文是開羅報的沒錯，是根據我報告過程後，認為我是藉此作為要脅，也擔心真有其事，萬一想不開去投了共，這責任誰也擔待不了，故就這樣報到台北，經我這一理論，才搞清楚確實這中間落差很大，由辦事處再行文台北解釋。

不知是安撫、是同情還是補償，原本堅持不准結婚

的，卻變成一百八十度大逆轉，上司表態不反對但也不明准，只要我低調處理，婚後有關文件申請，由辦事處協助代辦，至於自請返台則免議。

接著從抽屜拿出兩本全埃及都沒有的中式結婚證書給我，這突如其來的轉變，如不是旁人推我一把，我還愣在那沒伸手去接。ॐ

隔靴搔癢

卻有弟妹從中一隔，寸尺之間遙不可及

把這突如其來的喜悅告知艾瑟家人，商議兩個月後完婚，因對埃及婚俗一竅不通也無從插手，唯請她父親全權籌辦，我就只等著當新郎倌，艾瑟則辭去工作待嫁。人逢喜事精神爽，做起事也帶勁。

期間破例被留宿她家的紀錄，是個星期四（回教的週末）晚上，因與艾瑟及她母親同赴亞歷山大城選購婚紗禮服，回到羅西塔已很晚，隔天星期五不上班，她父親要我留下住一晚，這可是回教家庭少見的例子，而且是艾瑟陪我睡，這一聽打心裡可樂歪了，今晚可一償宿願提前當姑爺，心底裡樂乎著還故意面露難色，作勢作態，盛情難卻般勉強答應。

等把最大的床騰出來，換上乾淨的被單寢具，這與我想像的相差太遠了嘛！完全兩碼子事，房間就那兩小間，不可能讓我與艾瑟獨佔一間，也與禮法不符，而安排她弟弟還有么妹莎瑪四人同睡一床。

與艾瑟同床而眠是沒錯，但緊靠我旁邊是她老弟「阿哈默」，老弟旁是么妹「莎瑪」，最邊才是艾瑟，雖然是同床共眠、卻有弟妹從中一隔，寸尺之間還真遙不可及，擺明不能越雷池一步，更別說一親芳澤或先上車。結果這一夜比坐針氈還難受，整晚轉側難眠，一夜就沒闔過眼，過後再被留宿，但寧可回到獨窩，至少可擁被而眠，絕不

再接受酷刑般隔靴搔癢的痛苦。

期間我姊一家三口，到埃及觀光順道探視唯一的老弟，也見到未來的弟媳婦，當她們遊罷埃及轉赴他國後，卻接到台北急電，家父因心臟病突發之噩訊，隨即把業務移交，連夜趕往開羅，準備次日搭機返台奔葬，因時間急促只在路過她家，告知此一信息即匆匆離去。

回到台北接連幾天都忙於處理有關事項，依喪假規定只有八天，去除來回路程還剩下四天，只有再請事假一週，承蒙一些好友協助，才順利辦妥家父安葬等事宜。

期間想到前有意圖投共之案底，怕藉此時機被留台，而沒主動去海外部聯繫，直到假滿前二天，接到通知摧我去領機票，才自嘲是以小人之心、度君子之腹，再說遇這種事總不能趁人之危吧，秋後算帳哪怕沒機會。

告別家母再度踏上埃及，一路在思考，按中國習俗，重孝在身需守孝三年，該如何溝通緩延？一抵達開羅辦事處即叫我速返羅西塔，事因未按原定日期返埃，艾瑟她父親已兩度找上門要人。

因走時說八天即回，期間好事鄰居看我多日沒現身，就傳說我開溜了，而八天又沒見到人，羅西塔地雖廣，但人口集中在彈丸之地，人言可畏，傳言滿天，更被說成藉故不回，這對她家可是奇恥大辱，無顏面對鄉親，羞辱感也令艾瑟以淚洗臉。

尤其在這期間，該辦的她老爸全備妥了，還租了間民宅，粉刷一新準備做為新房，遠道的請帖也都發出去了，其他婚禮場地、樂隊、表演歌舞團等等全都預定好，此時

距婚期只剩下十天，而人又沒見人影，她父親急了，以為我被留置台灣不准回埃及，便兩次去找主管要人。

人一現身謠言不攻自破，問題是如何啟齒延緩婚期，幾經與好友商議，有人說按習俗百日內尚可辦喜事，過此期限則需等孝期屆滿，再者如延緩三年，在埃及工作全部完成，人員也撤離，總不能把我留下等著完婚吧，世事難料，萬一中途又有其他變化，這檔事不就告吹了，而且女方萬事皆備，延緩只會讓她們難堪，也難以交待。

權衡得失及現況，最後還是決定如期舉行，利用空閒陪她添購用品，互動的只是交換意見，老實說我哪能有啥意見！能做的也只是在旁付帳，關係已明朗化，但還是沒單處的機會，與她出門還是有第三者陪同。 &

靠山坡小村落

美夢成真

鐵證如山我是一臉尷尬，她們卻處之泰然

按當地規矩，婚前一週先將嫁妝搬到新房，我這也不能免俗，因考慮不可能久居埃及，故交待嫁妝盡量少，但也動用了兩輛車，不外乎雙人床、睡墊、寢俱、衣櫃、地毯、電視、冰箱及炊事物品等。

埃及雖與我國民族不同，但有些習俗倒很相似，如床需由她母親及大姊鋪整，甚至連抱個年幼男孩坐床的習俗都沒兩樣。

話說主管打從開始並不贊同這椿婚姻，溝通後雖不能出面主持，背後卻是全力拹助，按原計劃不想公器私用落人話柄，婚後才在亞歷山大城宴請同仁，但主管表示不要浪費，在營區宴請即可，接著指示我返台時接任伙食的小高辦理，以聚餐方式擺桌宴客。

宴席安排在婚禮前兩天，下班去接艾瑟全家，當時認為只是宴請同仁，而且又在營區內，就隨便穿套乾淨服裝，艾瑟全家也沒刻意裝扮，等步入餐廳那一刻，同仁以掌聲歡迎外，參加的還有業主等單位人員，驚奇的是還瞞著我這當事人，餐廳掛著厚紙板刻的大紅囍字，四壁掛上彩帶紙及氣球，佈置成喜氣洋洋的禮堂似的，那一刻內心的激動還真難以表達。

雖沒有婚禮儀式，也沒有埃式歌舞，但席開十五桌，其中三桌全是當地人士，場面還真讓埃及人大開眼界，也

在杯盤狼藉中，揭開這椿中埃聯姻的序幕；曲終人散，艾瑟還是回她的家，我回我的窩。

兩天幾乎見不到她的面，不是去美容挽臉，就是整容燙髮，婚禮前夕是她姊妹淘聚會，把一間房的床全拆了，鋪上地毯眾人靠牆而坐，招待的只是西點、糖果及飲料。

原帶了相機，以準新郎兼攝影師身分可以抓到一些難得的鏡頭，但硬是被拒於門外，至於她們在內幹嘛，不得而知，但多數是擊掌、歌聲、舌頭顫抖發出的尖銳聲，以及嘻哈聲。

婚禮在晚間八點舉行，身在異鄉且風俗各異，想插也插不上手，全由女方主導，閒著也沒事，故照常上班。直到下午五點，領著支援的四部車，與幫忙的同仁先到租屋處，在埃及人協助下用各色的彩帶將禮車妝點得似花車般。

說起埃及人還真夠可愛、夠熱情，原在幫忙彩妝的兩位埃及人，中途沒說啥事即匆匆離去，約過了半小時，耳中傳來由遠而近，阿拉伯式手鼓、手鈴、歌謠聲，原以為是別家辦喜事，等這約十幾人到了近處，才看清楚全是工區內的臨僱人員，原來那兩位以為我這沒備樂隊，跑回村莊一吆喝，片刻即組成臨時樂隊來助陣。這群說是樂隊又非樂隊，手鼓、手鈴、擊掌只是打節拍，民俗歌謠則人人熟悉，雖是烏合之眾，但那合聲及默契還真不差於職業水準。

臨時調了部卡車，載上這群臨時組合的樂隊，在市區外會合另一組正式樂隊，場面雖差當地迎親隊一籌，但也

浩浩蕩蕩擁有兩組樂隊，四輛轎車外加一部卡車。

　　打從換上西裝禮服坐上禮車，耳旁全是喧嘩聲、鼓聲、歌聲及沿路汽車長鳴的喇叭聲，腦袋只有一片空白，全聽人擺佈，整個過程很多已想不起來。彷彿是一行人到達她家，屋外室內已擠滿了人，陣陣婦女用舌頭顫抖發出高音貝尖銳聲，加上樂隊、眾人的歌謠、擊掌聲中，被擁推到屋內獻上一束不知誰遞給我的鮮花，然後互相戴上婚戒，這可是交往一年多，第一次接觸到那雙手。

　　手挽身穿婚紗禮服的新娘，坐上擺在室外高台上的椅子，又是一陣喧嘩，在高音貝尖銳聲、樂隊聲中，突然響起一陣槍聲，因事前心裡沒準備，這陣突如其來少說有四十來發近距離的槍聲，如不是艾瑟緊挽著我，也許會被震嚇得從椅子上摔下來，有限的空間少說有百來人，把場面

炒得火熱沸騰，駭到最高點，才坐上禮車前往禮堂。

當地室內禮堂僅有一處，室外靠尼羅河畔有三處露天舞台，室內早被別家先定，只能租用河畔露天場地，從她家到場地才千把公尺，迎親隊加上一路上加入的民眾，車隊足足開了半個多小時才到，場中已坐滿中埃同事及她的親友群，加入後到的迎親隊、不請自到湊熱鬧的當地人，把二百餘坪的場地擠得水洩不通，好不容易上了舞台，面對群眾坐上金碧輝煌的靠背椅，發現人越來越多，還出現幾名警察在場指揮。

事後才知，當時另有三場婚禮，埃及婚禮一成不變，以觀賞表演為主，但由於我這是異國聯姻，且打破了當地三百年的紀錄。根據市府檔案，當地在三百年前僅有法國人娶當地女子的記載，事隔三百年後，則有這中埃聯姻，故在當地造成轟動，另三場觀禮的民眾好奇加上湊熱鬧，很多就湧往這邊。

場地緊鄰唯一交通要道，道路及場內人潮過多，而造成交通幾至癱瘓，警局只有派警察指揮交通維持秩序。

節目不外乎是民俗舞蹈、雜耍、歌謠及肚皮舞等表演，我與艾瑟坐在舞台後方，沒看到、也無心看表演，只記得一些識與不識的跳上台與我倆合照而已。

人傻乎乎坐在那，像人偶般任人觀賞、任人擺佈到十一點才結束，才在親友及臨時組合的樂隊，前呼後擁下回到新房，一群人在屋外又唱又跳一個多小時，經再三道謝，請他們回去休息，才結束長達七小時熱鬧滾滾又難熬的婚禮，此時已凌晨二點。

那事不能細述吧，豈不把價值觀給扭曲了，反正是她把第一次給了我，我也把給我的第一次給了她，算扯平了吧，至此才總算一償宿願。

一宿無話，如果不是一陣敲門聲，這一覺還不知睡到幾點，來者是艾瑟她媽、我的岳母及大姊，按當地習俗，新人三天不舉火炊食，全由家人送，第一次還負有重任，必須由雙方母親會同前往。

兩人放下食物就直接走入房間，換下鐵證如山的床單，我這是臉紅耳赤一臉尷尬，她們卻處之泰然，這可是她們習俗，必須驗明新娘是完璧無瑕。

用罷早餐也算午餐，又有敲門聲，門一開我可愣住了，來者是笑容可掬的艾瑪，這還不打緊，身後居然跟著亞歷山大城電視台新聞記者及攝影師。

因這樁中埃聯姻，第二天上了埃及各報紙新聞版，電視台總不能落於人後，就來段家庭採訪，我那東拼西湊的爛阿語，哪能登大雅之堂，訪問中我是一語未發、裝聾作啞只能陪著笑，其他全交由她們去應付。

始料未及，本以低調處理的婚姻，經埃及報紙、雜誌及電視台一炒，飄洋過海連沙烏地、約旦等中東國家多處也上了報。

婚假連頭帶尾共九天，悶了兩天想帶著新婚妻子來段短途蜜月旅行，興致勃勃到了亞歷山大城，找了間靠地中海的觀光飯店，到櫃台訂房卻被拒絕，因拿不出合法結婚證書，告知是新婚還是不行，除非在不同樓層開兩間房，擺明想偷渡都難，吃了把顧客往外推的閉門羹，心情已大

打折扣，退而求其次沿著海堤大道漫步，欣賞地中海美景，想找間有情調的餐廳來頓埃及美食，渡一個浪漫的夜晚。

才離那觀光飯店不遠，卻被警察給攔了下來，先是查看我的護照及居留證，再盤問她為何跟這老外走在一起，經這兩件事一攪和，啥興致也沒了，打道回府，還是那窩有溫馨。

電視看不懂，唯一消遣教她撿紅點打發時間，其他大半都在床上玩成人遊戲，第四天實在熬不下去，跑去上班丟下嬌妻獨守空閨。∞

入鄉隨俗
這些人還真奇怪，像釘了支釘子似的賴著不走

我恢復正常作息，她則待在家裡，每逢我赴開羅公出，找她弟妹來陪，要不就把她送回娘家；這日子過了半年，頗感不便卻也無奈。

倒是岳父出了點子，說租房子每月得付房租，娘家雖小但可往外擴建五坪，又有往上發展的空間，由我出資改建為兩層，二樓產權立據給我。想這也有道理，以嫁女兒聘金分文未要，本就有回饋的打算，藉此也可改善他們居住的環境，再者住在一起也有個照料，又有屬於自己的空間，一舉兩得。經估價重蓋需七千鎊，約我一個多月薪資，在能力範圍內故順其意思，至於產權在法律上無效，要了也沒用，做個順水人情放棄，唯一要求按我繪圖施工，把樓梯移至側方，則可擴大空間。

埃及人效率還真快，才一個月這原才五坪大的泥屋，成了十多坪兩層混凝土樓房，由於樓梯移到側方，空間增加不少，樓下依舊兩房，但廚浴擴大，二樓則隔出小套房，房小廳大廚衛俱全，還真似模似樣，再添購沙發、音響、柔和檯燈等，利用空間精心佈置成了舒適溫馨愛的小窩。

但卻造成困擾，弟妹常往上跑無所謂，自家人嘛。煩的是成了左鄰右舍、親友、外人參觀之地，她爹娘又從不考慮時間，人來就往上帶，我這還得趕緊穿衣接待。這些

人還真奇怪，像釘了支釘子似的賴著不走，可以跟你耗上大半天，初期還強顏歡笑、忍耐，後來實在不勝其煩提出抗議，才恢復寧靜。

處身回教民間，生活起居難免得配合他們生活方式，以齊戒月來說，日出後至日落前禁食，上班日倒難不到我，也不受影響，在餐廳解決後再回家。

碰到休假可慘了，常在凌晨四、五點左右，睡夢中被挖起來用餐，活了半百在這時段進食，除了沉迷台北夜生活時，會來頓所謂消夜，那還得是清粥小菜或永和豆漿，碰上這乾巴巴的大餅及配菜，能吞得下才怪！但入鄉就得隨俗，勉為其難嚥下些許，回去再倒頭大睡，等到飢腸轆轆已不可進食。

小時家母常說我是餓鬼投胎，裝病絕對瞞不過娘的眼，真的假不了，假的真不了，真病假病只要看有沒有吃飯就知，裝病從未蒙騙成功過娘關，省下不少看病的冤枉錢，倒是賺來皮肉痛。開始也想考驗自已耐飢程度，看是否像娘所說的餓鬼投胎，但這胃就是不肯合作，腸與胃直打結，混身發軟還帶冒冷汗。

老婆還真不賴，看我這奄奄一息，就剩下那一口口慾之氣，真怕我一餓不起，也怕新婦成了新寡，瞞著家人沖杯牛奶，才治好我這餓病，自此別人日用三餐，我則日進六餐，不過白天是牛奶加餅乾，日落後才有肉食正餐。

那位原想親上加親、想娶姪女為兒媳的舅舅，因我導致兄妹反目互不往來，心裡有些過意不去，與艾瑟攜帶禮物登門造訪才化解了兩家恩怨，沒隔多久舅舅家嫁女兒，

我與艾瑟一家人理所當然前往參加，我們這才進門，舅媽即盯上艾瑟戴的金飾，開口說借用一下增些光采，弄得艾瑟左右為難，以求助的眼光投向我。我這還未表達意見，那母女已軟硬兼施，只差那枚結婚戒指沒拿外，硬把她手上戴的六個K金手環、項鍊，及過境杜拜買的半克拉鑽戒、K金戒子全都給拔了下來，艾瑟她媽當場愣在那不知所措，眾目睽睽之下拔都拔了，又聲明是借的，這能當場搶回來嗎？滿肚子嘔及窩囊，勉為其難參加婚禮，以為結束後會自動歸還，但一對新人在親友前呼後擁下直往新房而去，這不能追著討吧，多難看呀！

　　第二天她媽本想去拿，但我考慮新人正熱呼，此時去有點掃興，隔了三天她媽沉不住氣自己跑去找人，但敲門沒人答理而吃了閉門羹，連幾天都天天如此。少說過了半個月，才去找她嫂嫂艾瑟的舅媽，一起前往才見到人，還果真出了問題，娘家打腫臉充胖子，沒告訴男方是借來充面子的，男方則認定是陪嫁品，嫁妝哪有討回的道理而一口拒絕，東西卻沒取回半件，還弄得雙方不歡而散。

　　我那丈人火了，直接找他大舅子，卻被數落一頓，怪我們自找麻煩，當天不戴就沒事了。嘿！還有這種歪理，差點還鬧上警局才把金飾要回來，為此兩家又再度反目，至此可不再當那和事佬了。

　　那份中式結婚證書經翻譯為英文及阿文兩個版本，由於與埃及非邦交國，經辦事處轉至駐沙烏地阿拉伯王國大使館認證，再至埃及外交有關單位辦妥登記等手續，總算拿到合法結婚證明。

自有了此份證明後，無論到任何地點住宿，出示該份證書均無往不利，假日則常同帶弟妹至各地一遊，雖還是受到異色眼光，久了也習慣而處之泰然。

過了半年埃及式起居生活，興起攜妻返台一行的念頭，經與她商議也徵得她父母同意。

回教國女子出國，除求學有案可單獨行動外，其他需父親或夫婿陪同，才能步出國門，順利領到她的護照，轉送約旦取得入台簽證。

臨行前有同事好意警告，最好放棄休假，待工作結束再回台，可免秋後算帳強制留台，深思熟慮後，認為該來的還是會來，躲得一時躲不過一世，而事件早已解釋清

楚，理應不會有事，即使有也可藉返台機會，向高層申訴
清楚，應可得到諒解，再者家母自知我將返，即先離港返
台，成為事在必行。

　　由於心理已有準備，考慮到嬌妻到異國寂寞及飲食不
適應，蒐尋了數十張埃及CD片、阿文雜誌及埃及佐料乾貨
等，原想單獨與艾瑟赴開羅搭機，但她父母堅持要送機，
找部迷你巴士，連駕駛浩浩蕩蕩九人，提前一天到開羅，
租下三房一廳的家庭式旅館，帶著他們遊覽金字塔、阿里
寺等名勝，晚間到法老號夜遊尼羅河，目的是想沖淡那份
離愁。然再多的心血也抵不過那股親情，父母女三人整夜
聊到天亮，尤其入關前艾瑟更哭得似淚人兒，不是她爹推
她入閘，真思考過讓她別走了。

第
9
章

烏龍一場

擺明是衝著我倆來的，中埃聯姻居然驚

抵台那天她身穿一套藍色服裝，由頭至肩包紮白色絲巾，頭上一頂藍色滾銀邊小帽，藍白搭配特別耀眼，加上五官端正，輪廓分明，一雙大眼黑白分明，臉上薄薄化了點妝，雖不能算絕世美女，但也算美人一個。可能是一身阿拉伯特殊裝扮，而引起眾人注目及好奇心，打從步出空橋就有人過來詢問，排隊等候驗證又有人在指指點點，還有人持相機偷拍，當時在想，可能國內從沒見過包紮頭巾的阿拉伯女性吧。

推著行李走出電動門，迎面就是耀眼的燈光及閃爍的鎂光燈，原以為有重量級人物來訪，往後瞧卻沒人有那架勢，感覺是衝著我倆來的，當時真有點受寵若驚，中埃聯姻居然驚動新聞界來搶新聞。只見記者一湧而上，那一刻還真不知自己是誰了，中埃聯姻如經媒體一報導，那我不成了家喻戶曉的新聞人物了，這可是光宗耀祖的大事。

但一看那陣仗都愣住了，她愣的是閃躲不掉的燈光，阿拉伯女子除了自己的親人外，絕不能允許外人拍照，這突如其來場面，讓她手足無措愣在那；我愣住的是記者的採訪，中埃聯姻哪有不先問男主角，倒先用英文問起女主角的道理。我倆這一愣那記者也傻了，大概是感覺有點不對，改用中文問我：是不是從埃及來的。這又怪了，豈不是明知故問！中埃聯姻攜妻歸國，當然是從埃及來，故

回答：沒錯，是從埃及來的。此時記者中起了騷動，有人拿出張照片冒出一句：她是埃及某某小姐嗎？怎跟相片不一樣？搞什麼飛機嘛！哪有訪問連名字都給叫錯的，更納悶的是怎會有她的照片？直覺上有點不對勁，接過那張照片，什麼跟什麼嘛！這哪是她，根本是另外一個人，心裡有數是搞錯人了。

　　問清楚怎麼回事，哈！他們全攪錯了對象，把她當成代表埃及來參加世界小姐參賽的，我則會錯了意，以為他們是來採訪中埃聯姻的新聞，全都誤會一場擺了個大烏龍。

　　在埃及時雖有空運國內報紙、雜誌來，但自成家外宿後，白天忙裡忙外，下班就回家，很長一段時間沒去翻閱過報紙，對國內時事全脫了節，也不知道世界小姐在台灣主辦，而我倆返抵國門時，適逢各國參賽佳麗前後來台報到。壞在守空橋外的那一位先生，應是媒體的內線吧，看到她一身阿拉伯盛裝服飾步出空橋，又有相當姿色，只開口問從哪來，聽我回答：埃及。誤以為是代表埃及參賽的佳麗，隨即通報外圍，而守候在外的記者則認為代表埃及參賽的埃及小姐到了，也沒求證就一擁而上，擺了個大烏龍。

中正紀念堂留影

　　說起記者還真夠現實，沒一絲人情味，一聽不是採訪對象，攝影機燈光一熄扭頭就走，連句「對不起」都沒說，只留下一臉錯愕的我們，那份感覺還真像從峰頂一下摔落谷底，如沐浴一場三溫暖。

　　這些糊塗蟲還真有夠笨，就不會多問幾句，問這落落大方、美豔絕倫的埃及小姐，為何而來，為誰而來，問問我與她的關係，居然擦身而過，漏了破記錄的中埃聯姻大新聞。

　　在他們一擁而上，又一哄而散，還是有人寸步不離緊跟在後，心想這才是有新聞細胞、夠敏感的記者，雖沒了燈光及攝影機，上不了電視螢光幕，但能上文字新聞也夠光彩了。而想把這漏網新聞提供給身後的記者，以報知遇之恩，正轉身準備接受訪問，耳邊傳來一聲「老爸」，哈！又搞錯了，是兒女來接機，不是採訪記者。

　　後來從電視轉播看到各國參賽佳麗，憑心而論，也不是蓋的，以我這嬌妻論姿色、論身材、論身高、論氣質，絕不遜色於其他參賽者，尤其與那位代表埃及的小姐相比較，至少就不會敬陪末座。ﾒ

感同身受

我這邊享受叫她嚐，她那裡就跳腳要我丟

返台後第三天去報到，果然是批示留台，曾帶著艾瑟去求見老總，擬把實情稟告，希望有機會挽回，然口口聲聲自稱大家長的，連那副尊容都不讓人瞻仰，無情被拒於門外，無奈之下只有留台。

阿拉伯人為男主外、女主內的民族，基於傳統觀念，初到陌生環境她更不敢單獨出門，買菜的事自然就落到我的肩上，下班先轉到黃昏市場，帶些當季蔬菜，假日則與她一起去專挑肉類，不外乎牛、雞、魚之類，每次採購將冰箱塞得滿滿的，少說一個月不需補貨。

入境就要隨俗，鄰近市場出現她的身影，但不會論斤兩問價錢，全憑賣方良心，好在還不至於太離譜，可能常與我同往市場，近朱者赤，近墨者黑吧。首先就學會討棵蔥要根蒜，埃及蔬菜沒台灣種類多，直看得她眼花撩亂，但除非我曾買過，否則絕不會碰它，不用看就知道她買了啥，反正就離不開那幾樣。

中國人以米飯為主，阿拉伯人以餅為主食，中國餅類比中東多，做法也應有盡有，口味更有百兒八十種，唯獨缺無鹽無味的阿拉伯烤餅，每逢用餐就看她望飯興嘆，食不知味還得硬塞，試用麵粉加水攪成麵團，用烤箱居然烤出一模一樣扣貝斯，只見她喜笑顏開連啃了幾個，自此才解決她主食的困擾。

難在出門至外，一般餐廳多以豬肉為主，忠於信仰不會去碰，遇有應酬宴會則多看少食，確定非豬肉或豬油烹調才小嚐一點，故飯局能推則推，避免帶給主人不便，遇出門無法回家用餐，肯德基、麥當勞則成為固定進食所在地。

　　有天樓下傳來臭豆腐的叫賣聲，這可是從小至大的最愛，買了一份用塑膠袋拎著進門，她就直嚷嚷說臭，等把袋子打開，只見她奪門而出跑到陽台，我這邊享受叫她嚐，她那裡就跳腳要我丟，無奈奉妻令把最愛丟棄，老半天等味散去，才見拉得比馬還長的臉，趕我去刷牙漱口，當真會有那麼臭嗎？至此臭豆腐又與我絕了緣。

　　這也讓我想起在埃及，嘗試他們視之珍奇美味的醃魚，那股濃厚魚腥及臭味，還未入口就差點讓我吐，如她嫁到榴槤盛產國，那不知會變成啥樣，不一樣的民族就有不一樣飲食。

　　對咱的北平烤鴨，她卻愛之入骨，視為人間美味，每次買半隻烤鴨就等於是她在啃，還啃得清潔溜溜，骨頭絕不留下丁點餘肉。

　　後來她回埃及探親，更不嫌麻煩，非買兩隻回去孝敬父母，那兩隻烤鴨就托她的福坐飛機遠渡重洋，拎進了埃及，入了埃及人的口，進了埃及人的胃，化成埃及人的肥料，長眠埃及之地。

換裝後換然一新

那年清香油剛上市，因看油色與一般豆類油差不多，也就沒詳看罐上的內容，適逢產商為了促銷舉辦開蓋有獎，在結帳時當場開蓋，居然中了再送一罐，喜出望外的成了買一送一。

　　使用清香油炒菜確實很香，她是吃得滋滋有味，自此非此油不買，直至一年多後，看到趙樹海的電視廣告，才知道清香油是用豬油提煉，市售一般食用油全標榜由豆類或植物類提煉，從沒聽過用豬油提煉的產品，買時疏忽了，沒注意看內容，而吃了一年多豬油而不自覺。此事還不敢告訴她，萬一認為故意害她破壞教規，那才吃不完兜著走，不知者無罪，阿拉應會寬恕無心之過吧。

　　回台初期，她始終一身阿拉伯裝扮，連身式長袍帶頭巾，因此只要到戶外逛街，那身裝扮不讓人側目也難，常引來很多好奇者目視。

　　最勁爆的是帶她到中正紀念堂，迎面來了十幾位揹著相機的中年人，應是攝影協會之類，這些人看到阿拉伯裝扮的女子，又以為是參賽的佳麗，驚艷之下紛紛要求拍照，我還未表達不便，那已卡擦、卡擦響個不停，只見她繃著臉被圍住，沒搞清楚狀況的還在要她擺姿勢，要她露笑容，笑。她笑得出來才怪，當場就兩眼發紅，淚容滿面，趕忙向攝影者打個圓場，拉著她衝出重圍，一路上就聽她埋怨，沒把她保護好。

　　好不容易才把她安撫，也藉機勸導，想不引起別人好奇及注目，就必須入境隨俗，改變服飾，後又發生幾次同樣的事件，才把從小蒙到大的頭巾拿下，出門裝扮也與國

內女性差不多，唯一堅持不露胸不露背及不露四肢，這才減免了那些異樣眼光。

買了件名牌泳衣，帶她去泳池泡水消暑，泳裝是換上了，卻罩了件長袍不肯脫，泳池能讓下水嗎？換到海濱戲水也一樣，泳裝從未直接見過光，外面絕對罩件長袍，把泳衣保護得好好的，白費我一番心機。

剛回台時值夏季，炎熱度與埃及秋天差不多，可能是水土不服吧，三天兩頭身體就不適，常跑大小醫院，因語言上的問題，醫生診斷絕對少不了我，非得有我陪同，連男賓止步的婦科也不例外，還特別清場讓我陪同會診。

冬季再遇上寒流，可把她給凍慘了，厚衣全裹上身還不夠，電暖爐二十四小時全開，還是凍得直打哆嗦，整天就窩在棉被裡，沒有必要絕不離開臥房一步。

除了冷她最怕是地震，第一次碰到有感地震，我在客廳看電視，她則在浴室，突然天搖地動一陣強震，持續有一分鐘之久，過後屋內靜得出奇，趕忙衝到浴室門外，叫她沒應，敲也不理，好不容易把門打開，只見她面無血色，縮成一團跌坐在門後，摟住神智不清的她，半天還是全身發軟站不起來，過後直吵著要回埃及。

拜電視之福，在語言方面她倒受益匪淺，每天面對的就是那台電視，不管洋片、國片、國台語節目都看，久而久之也學會不少，但常是國台語交叉使用，不注意聽還真會被她搞糊塗，最鮮的是「阿達」這句我在國外時才流行的口頭禪，第一次還是從她口中聽到的。✃

重返埃及

拒絕後早已打消再去埃及的念頭

每打電話回埃及，要先打到她朋友家約好時間，再通知她家人來等，然每次一開口她必淚如雨下，哭的時間比講的還多，尤其到了一年半左右，思鄉之情更表露無遺，但又不敢開口，因兩人往返機票就十幾萬，加上孝敬及其他花費，少說得準備二十來萬。

一個女子隨夫來到一個陌生的國家，環境、語言不通、沒有朋友、飲食及生活起居均大異的他國，思家之切與精神痛苦可想而知。因見她日漸憔悴，知妻莫若夫，知那思親之苦，當知道同事眷屬要去埃及，即讓艾瑟先與她同行，我年假只剩七天，二個月後再去接她回台，讓她多些時間與家人相聚。

說這老丈人還真執著，二樓打我們離開就保留原樣沒讓人住，一星期年假去除往返時間旅程只有四天，三天之中去了大姊、二姊及艾瑪家，其餘時間均窩在樓上哪都沒去。

假滿返台，丈人好像有預感此去恐無再見之日，機場臨別淚汪汪摟著我倆，那情境更令人鼻酸淚落，回台後兩人安安穩穩度日，雖發生很多趣事，恐嫌太囉唆而略過。

話說回頭，自回台老總親批留台，適逢秘書處缺人就進了該處，辦公室就與老總同層，工作是全台各地收集資料，而老總也常到各地巡視，碰面的機會很多。頭一回相

遇在新竹科學園區，當他在簡報室看到我，當場就愣了一下，因能列席者均為主管或重要幹部，以我職等沒有資格登堂入室。看到不該在的也在座，老總破例要在座者逐一自我介紹，輪到我只見他兩目直瞪，彷彿如是非法入座，當場叫人可要把我轟出去。待報告所屬單位後，只見他一臉驚訝，大概在想這小子怎會混到近身的秘書處，直覺上每次見到我，就感到很不悅，其間他也確認詢問過我的上

階梯型金字塔

司，但找不到適當人選而作罷。

在這單位待了二十幾年，老長官、舊同事很多，平時熱心助人，遇到紅白事、攝影、司儀、招待，幾乎都少不了我那一份，故常在不同場合碰面，冤魂不散出現在他眼前。

又過了幾個月，有天上午他在甲地視察見到我，下午到乙地，他與副總及各級主管走在前，回頭又看到我，頭一扭與副總長耳語，突然副總叫我上前，冒出一句「快謝謝總長」沒頭沒腦的話，心裡想幹嘛我要謝謝他，等聽到第二句「總長准你去埃及了，還不趕快謝謝」。早已絕望的事，而且也早打消能再去埃及的念頭，猛然聽到又准去，人就愣在那，副總又一次要我向他道謝，才吐出「謝謝」兩字，老規矩、老姿態既不看我，更沒搭理我，頭一昂大步而去，那比挨一耳光還難堪。

回想自回國帶老婆去求見，吃了閉門羹，曾託有力人士幫忙，也都被拒絕，不知這回是大發慈悲，表示心胸寬大，還是藉機把眼中釘、肉中刺拔掉，把我打發到埃及，免得冤魂不散如影隨形見著煩。

把這消息告訴艾瑟，能回故鄉當然是喜笑顏開，由於埃及簽證還未失效，老總金口一開，承辦人員即以最速件辦理，四天後即啟程赴埃報到，倉促中移交承辦業務，辦離到手續，赴同事好友的餞行宴，與親友聚會，陪她買送親人的禮物，買自己的應用物品等等，連計劃攜妻赴港，與家母道別的時間不夠，只能在電話中辭別。&

老謀深算

把我當白痴，再笨也不會去簽那張看不懂

到了開羅辦好出關，辦事處已派車等候，司機卻把我拉到一旁，告訴我艾瑟他爸在前天心臟病突發過世，晴天霹靂而來的消息，當場把我愣住在那。

原想給艾瑟父母一個突如其來的驚喜，特地不先通知她家人，從台北一路走來，艾瑟因將與親人團聚正興奮不已，而就在她歡天喜地才踏上自己的國土，即將見到自己的親人，再享天倫之樂時刻，我卻聽到令人震撼的噩息，除去時差才十幾小時，父女卻已天人永隔，連最後一面都沒見到。

原計劃在開羅停一天，買些服裝給父母及弟妹，此時此刻卻不知該如何告知此事，只能強忍住那份悲痛，裝成若無其事模樣，以她父親身體不適住院為由，應先回家探視。

該說的還是要說，一路上思考如何開口，但考慮途中告知實情，擔心她受不了打擊，萬一出了什麼意外，能到哪去找人援助，但這事又不能瞞，只能適時而說。五小時的車程，心裡直在捉摸該如何開口，只能將她父親病情逐漸說得更嚴重，也暗示人都會走上的路，聽到此話她即刻翻臉，怪我沒一句好話還詛咒她爸，氣氛就僵在那，後半段路程更是一語不發，我講啥都不聽。

離家越近我心情越沉重，幾次欲言又止，直憋到家下

車臨進門前，才摟住她的雙肩，告訴她父親已去世，只見她臉色蒼白，掙脫我的雙手，慘呼中急奔屋內，隨即是一家人痛哭聲。

晴天霹靂的事讓她痛不欲生，依當地習俗逝者必須在日落前埋葬，父親已在昨日入土，連最後一面都沒見到，新墳又不能前往祭拜，那份心中之痛實非當事者能所體會。

這事我幫不上忙，而車還等著送我去巴碇，重點是新地點位於一百五十多公里外偏僻的海邊，沒人帶路我不可能找得到，等她們情緒稍為平息後，才帶著個人皮囊去報到。

新工地位於著名的避暑勝地（巴碇），時值秋季，地中海海浪滔天，沿海上千棟的豪華別墅，都已大門深鎖人去樓空，有錢的富豪不在乎視為小錢的租金，寧可空著擺在那也不肯出租。

十幾位同仁只有窩在兩棟窄小的二層樓房，阿拉伯的房子隔局真的夠怪異，一樓房間暫作辦公室，小到僅能放兩個資料櫃、一張辦公桌及一張椅子，桌子還要面對外擺置，來人只能在門外與裡面對話。二樓寢室內兩張雙層單人床加一張小桌子，四人一間，任何事全曝露在其他人眼裡，更別說隱私了，有人放個悶屁，四人必爭相奪門而出，不跑等於不打自招，可見兩間房是多麼狹窄。

廚房更小得可憐，勉強可容納一個人，五十幾人的伙食，廚師需兩邊跑，一間只管炊飯熬湯，另一邊則管炒菜，同仁用餐打單份，坐、蹲、站任由君便。

著名的渡假勝地，夏天全天候供水供電，入夜燈光如晝，彷彿不夜城。然季節一過即斷水斷電，二棟辦公室兼宿

舍，全靠自備發電機供電，有電即有水，才解決水電問題。

　　辦過行政的人到哪都認定是搞這行，面臨的就是這些棘手急待解決的問題，找到有力人士，看過無數民房民宅無一適合，最後找到一棟廢棄工廠，論空間論佔地可容納全部同仁，租金倒不多，重新整理隔間倒花費不少，但總算有了像樣的據點，至少辦公室、寢室就沒原來的窄小，同仁用餐也能圍聚一起。

　　打從下機送艾瑟回家，停留了兩個小時即趕往巴碇報到，假日因公務車不足，當地偏僻交通不便，出租車難找，兩個月中只有兩次隨公務車到羅西塔倉庫搬應用物，順道回家留住一宿。

　　有道是小別勝新婚，然艾瑟卻因我送她回家，即丟下她不顧頗有怨言，按常理是應該陪她兩天，但重返埃及是公務，哪能報到就請假。加上開羅派出的車及司機，任務是把我送到目的地，那地方除了他知道，沒車又不知路要我自己到何處去找，再說司機還得趕回開羅。

　　基於各種考量，而疏忽一個女人的感受，失去作主的父親，視為支柱的丈夫卻只留下費用，即匆匆拋妻棄家而別，而家中男性只有那十八歲輕微智障的弟弟「阿哈默」，而其他三個姊夫住處又遠，家中等於沒男人管事。

　　自她父親過世，他舅舅即以長輩與親人身分，一手接管了她家，喪事也全是他一手處理，照說應是件好事，但這位舅舅卻對我搶了他兒媳，大表不滿，冷言諷語，開始灌輸她們的思想。

　　從艾瑟那知道這些事後，找到一間民宅將她們全部接

到巴碇，才脫離舅舅掌握。這一住就兩年多，期間經主管同意，安插她弟弟、六妹艾曼任臨時工及工友，有糖尿病的艾莎經長期注射胰島素而病情穩定，她母親則丟不下自己的家兩頭跑。

直到了工作末期，因沒有新發展，羅西塔的廠房、員工宿舍及倉庫需標售，拆除後土地歸還當地政府，而調派我執行為期六個月的收尾。

因而又搬回羅西塔，我與艾瑟則住駐地宿舍，外加兩位守衛及一名司機，數十輛從中東調撥的機具，及兩大間倉庫備料、廢料等由開羅發包，憑得標項目清點交予廠商運走，一百八十多天看似很長，實際上每天都在忙，每逢赴開羅核對報表，就把艾瑟往娘家送。

等到全部機具運走，只剩下半個月，七棟地上建築物、建材還有利用價值，但需在限期內標售及拆除，找來有意承包商議好價錢，比授權底限還多了一倍，中午簽妥合約收下訂金，即把此好消息電告開羅。不料到了傍晚，承包商家卻帶來警察，硬說出價太高要毀約取回訂金，急電開羅經授權處理，最後還是比估計的多出幾千鎊成交。

建築物一棟棟拆，穿梭其間全是外地來的埃及人，怕造成困擾故先讓她搬回娘家，此時埃及全部工作已近結尾，人員開始遣至他國或回台，我則暫留開羅辦事處。

因宿舍住女眷不便，租屋又不知何時返台，只有留她在娘家，每逢假日回去必見其舅舅在坐，畢竟是親人嘛，況且他那想娶艾瑟的兒子，又已結婚故沒在意。

在開羅過了三個多月，遣散令調我回台，隨後帶她

去拍照辦理入境證等手續，等一切辦妥去接她準備搭機返台，不料她卻表示不想離開母親，不想離開埃及。這突如其來的變化，還真把我搞傻了，正在好言相勸，她舅舅拿出一張阿文打字的文件，表示要帶艾瑟回台，我必須在文件上簽字，她就隨我同行。

可真鮮事一樁，天下哪有帶自己妻子回國，還要簽文件的事，把我當白痴，再笨也不會去簽那張看不懂的文件吧。拿了那張文件溜出門，找到當過我助理的埃及人，還沒看完全文他即氣得跳腳，告訴我那是張離婚同意書。

助理還真講義氣，即刻找了七、八個人到她家理論，從開始如何照顧她們一家，到待艾瑟不薄，數落到欺騙老外看不懂阿文、騙我簽字等等。

艾瑟僅坐在一旁落淚，她舅舅則堅持要我簽字，此時我發現因匆匆溜出門，擺在沙發上未拿走的手提箱被撬

壞，打開鎖她的護照、結婚證書及一些有關資料全沒了。

　　眼看無法善罷，助理跑去警局帶來警察，要我們到警局去處理，局長與我很熟，對我倆的事更瞭如指掌，除痛斥她舅舅一頓外，要他不得干撓我與艾瑟的事，並要他即刻交出護照及有關文件。拿出來的除了艾瑟護照完整外，入境證及結婚證書、伊斯蘭證書全被撕成無法拼的碎片，造成沒入境證走不成，沒結婚證的局面，面對這結果，局長也愛莫能助，要我帶艾瑟去開羅設法補救。赴開羅路上才知道，從艾瑟十七歲開始，舅舅即三番兩次到她家提親，要她嫁給表哥，但這表哥遊手好閒，不務正業，可說是無一是處，除她自己不願意外，父親更再三拒絕。

　　直到我出現，知女莫若父，她爸看出她的意思，也希望她找到好歸宿，經觀察後而刻意安排出遊直到完婚，並讓她隨我回台。自她爸去世，男人主義的社會，家中唯一男人弟弟有智障，變成家中沒男人作主，親舅舅趁虛掌管一切，先灌輸親情，不能丟下年邁母親等等，又逼她不要隨我回台，連離婚同意書都是他主導，撕毀文件等也是他所為，至此真相大白，完全是她舅舅在搞鬼。

　　到了開羅，入境證短時間無法辦好，而離我行程只剩下三天，艾瑟雖表示願跟我回台，迫於證件已毀而無法同行。

　　由於假期及其他因素考量，也只能讓她再留在埃及，約定一年內來接她，三天中她在淚水中渡過，尤其送我到機場更是激動不能自主。✍

晴天霹靂

這一巴掌還真不輕，打得他嘴角冒血臉發青

台灣總不能常請假吧，加上昂貴的機票及其他花費，也確非公務員所能負擔，故僅能靠電話聯絡。原電話找人的朋友搬了家，每次只有撥電話到亞歷山大城的艾瑪家，再約時間由她來接，開始還都很正常，到了第六個月卻等不到人，問艾瑪支支吾吾講不出所以然，心裡雖很急，想飛去埃及一探究竟，但年假早就用完。

直到艾瑪在電話中告訴我艾瑟又結婚，對方是那表哥，起先以為開玩笑，我與艾瑟為合法結婚，經埃及政府及法院簽證，更經外交部驗證，才合法取到她的護照，只是在羅西塔沒去婚姻登記處辦理登記，差在她的身分證配偶欄空白，但結婚時當地人人皆知，沒辦離婚怎能說結就結，而她那表哥也結婚了，但艾瑪告訴我確為事實，而且艾瑟身懷有孕。

晴天霹靂而來的信息，逼得我以最快的速度趕往埃及，辦事處主管考慮我語言不通，擔心會出事，派精通中埃語言的翻譯，陪同一起前往。

下午一點多到達她家，證明是事實，隨即找到與她父親見過的律師，律師二話不說，帶我們到警局報案，局長一聽拍桌大怒，隨即派警察去傳艾瑟與她媽、表哥與舅舅四人到案，這幫人還不知事態嚴重，居然傳而不到，局長隨即下令抓人，這才把四個人押到警局。

尼羅河畔豪華別墅

表哥一進警局，自恃無恐拿出身分證，往警官桌子一擺，說他們是合法結婚，反指我與艾瑟婚姻不合法，話還沒說完，幾位曾到現場維持秩序的警察紛紛指責，警官站起來迎面就給他一巴掌，這一巴掌還真不輕，只見他嘴角冒血臉發青，還有位走上去又補了兩拳，不是局長阻止，絕對被修理得很慘。

　　才被那巴掌打得昏頭轉向，接連又挨了兩拳，神魂顛倒還未定過神來，手銬腳鐐隨後又上了身，至此才見他全身發抖一語不發，與剛進來時判若兩人。此時艾瑟與她母親更嚇得臉無血色，只差沒昏過去，那舅舅則推得乾乾淨淨，說不知道他兒子的事，因局長有事要外出，指示先把人押進拘留所，並交待警官辦理移送法院。

　　有一位在市府婚姻登記處的承辦員，挺身而出氣憤指出，她表哥曾持他倆身分證要辦結婚登記，因是他接的案，當場指出艾瑟已婚拒絕他們登記，還特別警告他們別亂來。

　　登記被拒後，他們卻跑到別的城市去辦理，承辦人看身分證配偶欄空白，就讓他們辦理登記，自以為神不知鬼不覺能瞞天過海擁有合法婚姻。

　　以罪行而言，男方在知情下勾引已婚婦人通姦、違法結婚，女方則通姦外加重婚，如按嚴厲回教法規是唯一死罪。但在埃及則有宗教法庭及一般法庭，看當事人告與不告，但兩罪均為公訴罪，還是會受到法律制裁，就算全沒事，也至少受到當地人唾棄及輕視，無法在當地生存。🐾

孤掌難鳴

周遭目光讓我備感威脅，一個異國人沒有人可商議

單獨一個異國人，再多人挺身而出打抱不平，當他們想到後果，胳膊還是往裡彎，不想把事件搞到無法收拾的地步，情勢急轉而下，警察、律師及眾人紛紛幫他們求情。此時艾曼及艾莎聞訊趕來，摟住我求我原諒她姊姊，有人推她母親快一起求情，她拉著艾瑟上前，從老到小四個人圍在身邊，鐵石心腸也會動容，原那些挺身而出打抱不平的都換了樣，投向的是憐憫的眼神。

埃及人很會打鐵趁熱、見機行事，警官即刻催我們去律師處私自解決，現場都開始幫她勸說，周遭目光讓我倍感威脅，一個異國人沒有人可商議，而陷入孤掌難鳴、求助無門之地。

其實一到警局，看那一巴掌及狠狠的兩拳，手銬腳鐐掛上身的場面，艾瑟與那寡母驚惶失措的表情，就曾思考過，堅持會讓她陷入絕境。再說埃及人打官司，沒三年五載結不了案，開庭不能親自到庭，要委託律師全權處理，打贏了這場官司，判處了他們重刑，我還是無法扭轉事實，失去的已失去，我又能得到什麼？但畢竟非一般兒戲，哪能三言兩語就善罷。

正猶豫不決卻被律師摟住肩膀，連擁帶推步出了警局，艾瑟與她母親緊跟在後，在推擁下來到律師事務所，幾個人都七嘴八舌幫她講情，搞得我心情煩燥而臉露不

悅，律師看出我情緒止住他們，直接要我開條件。

　　能有什麼條件，房子重蓋至所有傢俱、電器用品，幾乎都是我一手購置，就算全給我能帶走嗎？為她開戶的存款，不用想也所剩無幾，有可能的只剩下金飾。

　　提出歸還存款及金飾，果不然存款已提取一空，那金飾總該在吧，列出個大概數量，但金飾也變賣所剩無幾，律師讓她把剩下的全部拿來，所見的還不到四分之一，鑽戒較有價值的全沒了蹤影。

　　她母親看我面露不悅，解下身上的金鍊及手鐲，艾瑟也拿下身上的金飾，唉！她們哪知我內心的感受，不悅不是為了變賣的金飾，而是每一件都代表對她的那份愛及那份情。

　　翻譯把離婚協議書念給我聽，先讓她簽字，提起筆正遲疑不決，眼看曾是岳母的高齡寡婦，投以求助的眼神望著我，在心理及多重壓力之下，在文件簽下名字及日期，站起來到外面喘口氣，才走到門口卻被律師叫住。

　　果真是吃律師這行飯，發覺簽的日期對她們不利，要求把時間提前半年，但我也不是省油的燈，想到後果，照他說的就成了早已離婚，婚姻關係早就不存在，如此一來搞不好反被告，那才真吃不完兜著走。

　　簽這種文件哪能有亂簽的道理，故堅持不肯，場面又僵持不下，最後協調唯一兩全其美的方法，我的一份簽當天，但要律師在日期上簽章，並蓋上律師事務所印章，以保障我自己的權益，另一份則只簽名不寫日期，給他們一條路可行，至此他們才都舒了口氣。

簽下字，回頭看到她母親老淚縱橫，心如刀割，掏出剩餘無幾的金飾往她手上一塞，強忍住奪眶而出的淚水，急步走出律師事務所。

街道早已亮起路燈，從中午到現在除了一杯杯喝不完的茶，其他東西都沒進胃，自己不感覺餓，倒是疏忽陪我的翻譯及司機，忙致上歉意讓他們去找東西裹腹，回答是早用過了，還是我拿錢讓他們去的，唉！這怎都忘記了。

自踏入警局就一陣混亂，連帶來的人去用餐，居然一點都沒印象，對自己的異狀還真起了疑心。事實上從台北接到電話，到搭機抵埃一直到現在，心裡就沒真正平靜過，精神也恍恍忽忽，有些事記得一清二楚，有的事卻一點印象都沒有，就拿在警局幾個小時，只記得除局長問了幾個問題外，也沒作筆錄，時間就耗在那，一杯接一杯茶及一支支煙。

鐵證如山

他哪會想到，撕得粉碎的文件全都是副本

回到警局，表哥依然被押，警官依舊送上茶，其他又凍結在那，再三詢問，是在等局長，由於法院已知此事，因屬重大案情，檢察官已待命候審，因相隔不到十五分鐘路程，幾次派人來催，但必須等局長回來批示，所有人就空耗在那。

大概是晚上八點左右，才傳來局長邊走邊發雷霆，責備警官怎還沒移送法院，這才見一陣忙亂。舅舅因無犯罪證據被釋放，由拘留所提出右臉黑腫的他兒子，腳鐐是解掉了，雙手依然被銬，當警員手拿手銬朝艾瑟走去，母女當場嚇得哭出聲，畢竟是曾陪過我幾年的床頭人，實在不忍心看到她被銬，問局長能不能不要銬，他用奇異的目光瞪著我，才下令不銬。

押解兩個人卻動用六位佩槍的警察，並非貼身圍住或保護，而間隔他倆三、四公尺，像押著罪犯在遊街示眾，而他兩人一前一後低著頭走。踏出門就嚇一跳，警局外圍了將近上百人，叫罵聲不斷外，還有人朝他倆吐口水，聞風而來的民眾越來越多。老實說，親身面臨這種仗勢，那份驚駭與震撼，讓我有些後悔，有多此一行的感覺，相隔不遠的法院走了將近半小時，我則遠跟在後。

當地法院還從未在夜間開庭的先例，因屬重大案件，法院即刻開庭，先審問的是那表哥，接著是艾瑟，在她出

來後，卻有另兩名男子入內，一個多小時後才喚全部當事者進去。

應該是偵察庭吧，檢察官很年輕，問話前我要求過程都要透過翻譯，警察局要的是事實，法院要的是證據。

檢察官頭一句就問我：有沒有與艾瑟的結婚證明，是不是伊斯蘭教。果不出所料，要的就是結婚證書及回教證書。

因心裡早有準備，就先看她表哥的表情，那臉雖半邊腫卻露出有把握，一副看我拿不出的樣子，說的也是，那些證件早被他們親手撕成碎片，又怎可能拿得出來，拿不出證書全盤皆輸，搞不好反被他告，變成我是異國階下囚。

看到那副得意的模樣，真想把他另一邊臉也給打腫，等我從手提箱拿出整疊文件，只見他一副不可置信，懷疑又驚駭，他哪會想到，撕得粉碎的文件全都是副本。由於保管公款有專屬保險箱，除了她的護照及貼在護照上的入台簽證外，其他文件正本全鎖在保險箱內，才保存了全部文件，而他們撕的只是副本。

把蓋了十幾個經過埃及政府公證、外交部驗證的結婚證書、伊斯蘭證書、阿文喜帖、同事拍的婚禮照片，甚至有一張這位表哥參加我們婚禮的相片，加上在台郊遊及生活照，還有被撬壞的手提箱照片，全都呈給檢察官。

檢察官反反覆覆、仔仔細細檢查那些文件後，抬頭先瞪了他表哥一眼，接著又問我：從哪得到他們結婚的消息，有沒有面對艾瑟連說三句休妻，認不認識站在旁邊的兩個人？

這哪門子問案！盡在我這找漏洞，擺明設法幫他們脫

罪，因依回教法律連說三聲休妻，只要有兩人以上證明，
即備法律效用。

很快的回答他：是她妹電話中告知，從未說過休妻，
那兩人從沒見過。反問檢察官：那兩人是誰，為何而來？

檢察官說：那兩人是證人，親耳聽到我對艾瑟大聲連
說三聲。有這等事！老年得少妻只會疼愛有加，幾年中連
句重話都沒講過，沒事幹嘛玩休妻遊戲，且休妻非平常所
需用語，打開始就未去學過這句話，既說他們證實親耳聽
到，就該有個時間與地點吧。

我要他們提出時間地點，等翻譯告訴我日期後，差
一點讓我當場哈哈大笑，忍住內心的興奮，要求再確認一
次，兩人考慮了一回，還是指出是與前者相同，地點是在

艾瑟家。

　　掏出護照翻到蓋出境章那頁呈給檢察官，地點與時間全牛頭不對馬嘴，作證也不先把時間地點搞清楚，說的那天是撕毀文件之後，艾瑟與我同到開羅，兩人單處了三天，她送我到機場，是我獨自離境的日期，現場除我倆外，只有送她回家的司機，由於是獨自離境，日期故深記在腦海。

　　又是鐵證一件，檢察官火了，大聲責斥那兩人，要法警把他們帶出去，我可不罷休，表示偽證者行為可惡，我要告。◌

刀斬亂麻

最可惡的那位舅舅，卻抓不到他惡行證據

除了說要告偽證者外，又請問檢察官：這是普通法庭，還是宗教法庭？此話一出檢察官、書記官及律師都一愣，如係宗教法庭，我既持有的文件證實合法，就應受到婚姻法保護，同時也證明對方犯了律法，應以公訴罪繩之以法，接受宗律制裁，基本上不需要再詢問我這當事人。

而這位檢察官從一開始檢驗結婚證書、要伊斯蘭證書、再以有人作證我說過三聲休妻，全都以宗教法規來牽制我。沒有合法結婚證書，婚姻無效；沒有伊斯蘭證書就不能娶回教女子，婚姻無效；有人指證曾三聲休妻、婚姻失效；只要這三者有一項，而又無法拿出有利證明，婚姻關係則自然消失，任有百口也難辯，打開始就會被擊敗，鐵定落得拋戈棄甲，鎩羽狼狽而歸。

檢察官被我一問，顯得有些尷尬，知道這傢伙有備而來，懂宗教與普通法庭之分外，還逼他表明立場，當地人上法庭連個屁都不敢放，碰到我這老外，文件、證物樣樣具全，已保住自己立場，抓到把柄再趁勝反擊。檢察官還從未碰到我這種異類，加上年輕經驗少，又基於我是老外，又是受害者，有翻譯，有律師，不敢把對付當地人那套用在我身上，檢察官要其他人退庭，只剩下我、記錄、翻譯及律師。

他還是高高在上，我與翻譯仍然站在原位，記錄、律師坐在一側沒動，但問話方式變成討論，最後結論確定我婚姻合法，擁有合法妻子，告與不告在我，通姦及重婚屬公訴罪，法院另案審理，判決書可郵寄給我。

當檢察官問我告不告後，我請他給我一點時間讓我單獨考慮，在長廊上艾瑟與他娘看到我從法庭出來，臉上表露出是惶恐不安的表情，心裡又是一疼，再看那位表哥獨自坐在另一頭，畏畏縮縮連頭都不敢抬。

掏出數十年從不叛離的香菸，在無人的黑暗處獨自進入心神交戰的思考。

他們行為不恥，但想到艾瑟身為一個弱女子，在親舅舅壓迫之下，逆來順受身不由己違背我，但已造成事實且又身懷六甲，即使願意回我這，我也不可能會接受。

告！必以通姦及重婚兩大罪狀接受審判，重者死罪，輕者也得吃上幾年牢飯，而依律法通姦者不得結為夫妻，必造成未出生無辜的嬰兒無父的後果，再者對那年邁的老母喪夫又面臨女兒坐牢，這種雙重打擊對她是何等的殘酷。

至於對那不擇手段的表哥，用惡劣方式撕毀文件找人作偽證來達到目的，罪不可赦外，更令人恨之入骨。告！他會受到應有的重刑懲罰，但也造成艾瑟及那無辜的孩子沒人照料而造成另一悲劇。再者，親眼看到回教民族對通姦者的唾棄與輕篾，已讓他無顏面對鄉親，在別人的鄙視中裡生活，那是一輩子無形的懲罰，遠要比坐牢還來得痛苦。

最可惡的那位舅舅，卻抓不到他惡行證據，憑啥去告他，至於那兩個偽證者，行為雖可恥，但如果主犯都不

告，又何必去告被人利用的代罪羔羊。

再者，埃及打官司沒三年五載結不了案，每次開庭當事人無法到庭，就得聘請律師出庭，那筆費用就很可觀。官司絕對會贏，然失落的還是失落，並無法扭轉既成的事實，對我而言又能得到什麼？除此官司沒結束前，心情絕對受到牽連，而影響到正常作息，去熬那長夜漫漫的折磨，不如快刀斬亂麻，一次了斷。

少說抽了四、五支菸才走進法庭，檢察官、記錄、律師默不作聲凝望著我，就等我那句決定性的結果，雖心有不甘，才吐出「不告」兩字，此話一出如卸下重擔，心如止水。

檢察官要翻譯將紀錄唸給我聽，但已認為沒有必要，只想儘快離開心力交瘁的地方，上前簽下名字及日期，為期六年二個月又十八天的婚姻，至此劃下了休止符。

要回擱在檢察官台上的護照及所有文件，拉著翻譯及律師走出法庭，目不斜視經過她母女身邊，隨後的律師告訴她們我不告了，只聽到身後她倆在叫我，充耳無聞，昂首闊步走出了法院。∞

夕陽春暖

又一次當了異國女婿，夢幻般又登上異國姻緣榜

話說回台灣後，同事以多欺少，排斥三等公民在辦公室抽菸，寡不敵眾，煙癮一作怪，只有到走廊吞雲吐霧過菸癮，迎面碰到曾在埃及任廚師、退休後長住泰國的李師傅，帶著泰國妻子回國處理一些事，老同事見面，找了間館子以盡地主之誼。

李師傅問到我埃及老婆，因從認識到結婚他也在埃及，除宴席一手包辦外，連婚禮的照片都是他拍的，故實情告知。他老哥一聽，火冒三丈，胸口一拍表示，沒關係，老婆的事包在他身上，要把他的泰國姨妹嫁給我，並要我隨他去泰國，往返機票食宿全由他負責。

開什麼玩笑，我這才辦妥離婚沒幾天，心情還沒平復，心還在滴血，哪有心再去玩這種把戲，再說一朝被蛇咬，十年見繩驚，才嚐到異國婚姻的苦果，怎敢再去玩異國婚姻的遊戲，故而謝絕他的美意。

這老哥還真夠熱誠，也來緊迫盯人那招，夫妻連三天往我辦公室鑽，硬纏到答應去泰國旅遊散心，探訪在曼谷的老友，與他姨妹交友擺為其次，還怕我口頭承諾又反悔，硬拿走我的護照、代辦簽證及訂機票。

又一次打鴨子上架似的登上了機，隨著他夫妻步出曼谷機場，迎面來了位雙手合十的泰國妞，拿著花環就往我頭上套，本以為是泰國迎接觀光客的花招，經在側的李師

傅介紹，才知這穿著牛仔褲、花T恤、腳蹬拖鞋遠從清邁坐了十幾個小時火車，專程來接機就是他姨妹。

　　姨妹個頭並不高，身材算不錯，容貌中上，皮膚細緻白嫩，一頭過肩的秀髮，但與他姊夫給我看的相片，身高似乎有些距離，整體而言屬嬌小玲瓏、可愛型。

　　基於只是交朋友，沒人會挑剔對方年齡與身高，抵達預定飯店才知她母親也同來，因班機抵達太晚，而在飯店休息。

　　第二天她全程充當導遊，參觀曼谷玉皇宮等地，因已與幾位老友聯繫，蒙邀晚間設宴款待，故一起前往，酒酣耳熱後轉赴美人如雲的卡拉OK玩樂，醉眼惺忪看坐檯的都美若天仙，友人一再安排要我帶美女出場，雖心猿意馬，但基於李師傅夫婦、姨妹及她老娘都在，總不能做出讓她們難堪的事吧，而婉拒了友人的好意，但也喝得爛醉，連怎回到飯店一片空白，沒一點印象。

　　隔天人還在宿醉中，卻被李師傅叫到他房間，劈頭一句，對他姨妹印象如何，憑良心說，那有啥印象，還真不如那些坐檯的妞來得深，只覺得是沉默寡言、乖巧的小妹妹而已，其他全沒感覺。然在座的八隻眼全瞪著眼等我回話，那場面叫人怎能回答，只能以「還不錯」三字應付，李師傅卻接著一句：「那就這樣決定了！」問他決定什麼，回答的是：「結婚呀！」

　　此語一出，嚇得我頓而清醒，有沒搞錯，除去睡眠還相處不到二十四小時，況且又是集體行動，對她啥都不了解，十劃連一撇還沒就談結婚，居然還要我即時決定，這

也未免太扯了吧。

　　若當面回絕場面會很難堪，只能沉默不語，李師傅接著告訴我，昨晚我喝得爛醉，吐得一塌糊塗，他那黃花大閨女小姨妹整晚就照料爛醉如泥的我，一早他問姨妹的意思，她點頭同意，而今猶豫的反而是我。

　　這才真嚇出一身冷汗，以為喝醉酒後在神智不清下侵犯了她，生米已成了熟飯，她只能作出願意的抉擇。

　　抱著忐忑不安問清楚，好在我沒有借酒裝瘋，更沒有僭越失禮的舉動，只是爛醉如泥吐的滿身，全是她一人在為我清洗，重要的是她老娘都在場。

　　大嫂也加入行列，問我是不是嫌她妹不夠漂亮，嫌她妹身高等。

　　那場面是在逼婚，我則帶些感恩，有些許歉意，但絕對是處於被動，全被他們牽著鼻子走，由不得不表態，在萬分無奈之下只有先答應，心裡盤算等回國後再說，大不了從此不再踏上泰國。

　　萬沒想到李師傅打鐵趁熱，要我結完婚再走。哈！結！拿啥結！到泰國去是散心帶遊覽，壓根就沒結婚的打算，穿的是一條舊牛仔褲及一件T恤，腳上蹬的是雙休閒鞋，手提跟隨多年千瘡百孔的破皮箱，裝的是不成套的西裝褲及上衣，外加換洗的內衣褲等，皮夾中除了一張信用卡及幾百塊美金，加上一部古董相機幾卷底片，光憑這身裝扮及行頭，怎瞧都像窮途末路的流浪漢，如不是李師傅邀請住他家，恐怕連大飯店都進不了門。

沒錢就不能辦事，結婚沒套西裝不能登大雅之堂，以此推說沒準備，等回台後擇日再來，李師傅像是怕我落跑似的，又是胸膛一拍，錢全先墊上日後再還，服裝只要不裸半套也行，買皮鞋算他的，凡事不用管，只等做新郎倌，辦完喜事再走。

　　這才真叫打鴨子上架，三天後、就只穿了套不搭配的西裝，在南邦被動莫名又其妙，與認識才五天李師傅的姨妹，兒戲般來了場純泰式婚禮，閃電式又娶了位才二十五歲的泰國妞，又一次當了異國女婿，夢幻般再登異國姻緣榜。

　　爾今走過了二十個年頭，說真格的，夫妻倆至今還未吵架或拌過嘴，親友說我是：失之東隅，收之桑榆。同事說：是因禍得福。更有人說：晚來福。短短數語足以代表這位泰國妻子是多賢慧、多體貼。

　　前有過回教中埃姻緣，後又再遇佛教中泰姻緣，但此次的異國姻緣，才真正讓我無怨無悔，讓我更珍惜這份遲來的上帝禮物，也許有人說：這老傢伙走火入魔，想老婆想昏了，自己在編神話故事，這種好事怎讓你給碰上了！相信也好，懷疑也罷，總之我現在過得很快樂、很幸福。∞

綜觀天下

神祕埃及

作者◆李沐生
發行人◆施嘉明
總編輯◆方鵬程
主編◆葉幗英
責任編輯◆徐平
特約美編◆江美芳
封面設計◆吳郁婷

出版發行：臺灣商務印書館股份有限公司
台北市重慶南路一段三十七號
電話：(02)2371-3712
讀者服務專線：0800056196
郵撥：0000165-1
網路書店：www.cptw.com.tw
E-mail：cptw@cptw.com.tw
網址：www.cptw.com.tw

局版北市業字第993號
初版一刷：2012年11月
定價：新台幣 420 元

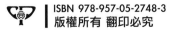

國家圖書館出版品預行編目

神祕埃及 / 李沐生著. -- 初版 -- 臺北市：
臺灣商務, 2012. 11
　　　面；　公分 -- （縱觀天下）
　ISBN　978-957-05-2748-3 (平裝)

　1.遊記 2.人文地理 3.埃及

761.9　　　　　　　　　　101017777

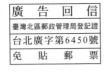
100台北市重慶南路一段37號

臺灣商務印書館　收

對摺寄回，謝謝！

傳統現代　並翼而翔

Flying with the wings of tradtion and modernity.

讀者回函卡

■ 姓名：＿＿＿＿＿＿＿＿＿＿＿＿　性別：□ 男　□ 女

■ 出生日期：＿＿＿＿年＿＿＿＿月＿＿＿＿日

■ 職業：□學生　□公務(含軍警)□家管　□服務　□金融　□製造
　　　　□資訊　□大眾傳播　□自由業　□農漁牧　□退休　□其他

■ 學歷：□高中以下（含高中）□大專　□研究所（含以上）

■ 地址：＿＿＿＿＿＿＿＿＿＿＿＿＿＿＿＿＿＿
　　　　＿＿＿＿＿＿＿＿＿＿＿＿＿＿＿＿＿＿

■ 電話：(H) ＿＿＿＿＿＿＿＿＿＿　(O) ＿＿＿＿＿＿＿＿

■ E-mail：＿＿＿＿＿＿＿＿＿＿＿＿＿＿＿＿＿＿

■ 購買書名：＿＿＿＿＿＿＿＿＿＿＿＿＿＿＿＿

■ 您從何處得知本書？
　　　□網路　　□DM廣告　　□報紙廣告　　□報紙專欄　　□傳單
　　　□書店　　□親友介紹　　□電視廣播　　□雜誌廣告　　□其他

■ 您喜歡閱讀哪一類別的書籍？
　　　□哲學‧宗教　　□藝術‧心靈　　□人文‧科普　　□商業‧投資
　　　□社會‧文化　　□親子‧學習　　□生活‧休閒　　□醫學‧養生
　　　□文學‧小說　　□歷史‧傳記

■ 您對本書的意見？（A/滿意　B/尚可　C/須改進）
　　　內容＿＿＿＿＿＿編輯＿＿＿＿＿校對＿＿＿＿＿翻譯＿＿＿＿
　　　封面設計＿＿＿＿＿價格＿＿＿＿＿其他＿＿＿＿＿＿＿＿＿

■ 您的建議：＿＿＿＿＿＿＿＿＿＿＿＿＿＿＿＿＿＿

※ 歡迎您隨時至本館網路書店發表書評及留下任何意見

臺灣商務印書館　The Commercial Press, Ltd.

台北市100重慶南路一段三十七號　電話：(02)23115538
讀者服務專線：0800056196　傳真：(02)23710274
郵撥：0000165-1號　E-mail：ecptw@cptw.com.tw
網路書店網址：http://www.cptw.com.tw　部落格：http://blog.yam.com/ecptw
臉書：http://facebook.com/ecptw